N. Kühne, H. Harder-Kühne, O. Jansen, K. Zimmermann-Kogel

Erziehungslehre

für die Berufsfachschule Kinderpflege

1. Auflage

Bestellnummer 5980

Bildungsverlag EINS – Stam

www.bildungsverlag1.de

Gehlen, Kieser und Stam sind unter dem Dach des Bildungsverlages EINS zusammengeführt.

Bildungsverlag EINS
Sieglarer Straße 2, 53842 Troisdorf

ISBN 3-8237-**5980**-9

Inhaltsverzeichnis

1 Die Lebenssituation von Kindern

Szenario

Um herauszufinden, wie Kinder heute leben, besucht die Kinderpflegeschüle-
rin Sonja den 5-jährigen Florian und den 9-jährigen Jannik zu Hause.

Florian besucht im zweiten Jahr den Kindergarten. Florians Eltern haben eine
große Altbauwohnung in Altona, einem Teil von Hamburg gemietet. In seinem
Zimmer findet man beinahe alles, was im Spielzeugkatalog für diese Alters-
gruppe angeboten wird.

Florians Mutter findet hin und wieder schöne alte Möbel, die sie geschickt mit
modernen Stücken kombiniert. Das ist ihr Hobby. Sie ist meistens zu Hause.
Zwei Stunden täglich hilft sie ihrem Mann und manchmal auch länger, etwa
bei Wettbewerben, weil dann viel zu tun ist. Florians Vater ist Architekt. Er hat
sein Büro im selben Haus.

Florian erzählt:

*Nachmittags nach dem Kindergarten habe ich wenig Zeit. Meist holt mich mei-
ne Mama mit dem Auto ab. Einmal in der Woche fährt sie mich zur Musikschule,
zweimal zum Hockeytraining. Wenn am Wochenende kein Punktspiel ist, fahre ich mit Mama und Papa ins Ferienhaus zur Ostsee. Da kann man baden und
segeln. Mit den Kindern auf der Straße würde ich gern spielen, aber Mama findet das zu gefährlich. Es ist ja so viel Verkehr. Mama geht mit mir häufig auf
den Spielplatz oder sie bringt mich zu Freunden aus dem Kindergarten. Wenn
ich `mal Zeit habe, nehme ich meine Kuscheltiere und Märchen-Cassetten.*

Jannik wohnt in Pinneberg, einer Stadt in der Nähe von Hamburg.

Jannik erzählt:

*Ich wohne mit meiner Mutter in einer Siedlung, in der noch viele andere Kin-
der wohnen, z.B. meine Freunde Marco (7 Jahre), David (4 Jahre), Alexander
(5 Jahre), Sylvie, Joano, Serge (10 Jahre), Natalie (9 Jahre). Weil hier keine Autos fahren dürfen, können wir toll Fahrrad fahren und Fußball spielen. Die
Mädchen machen da manchmal mit, aber oft wollen die lieber Gummitwist machen. Das finden wir Jungen blöd.*
*In der Nähe von unserer Wohnung ist auch ein kleiner Wald. Da spielen wir
manchmal, aber letzte Woche haben wir da erst einmal aufgeräumt. Möchte
wissen, wer da immer Müll hinschmeißt! Zwei Müllsäcke hatten wir voll Cola-
dosen und Bierflaschen. Ich finde die Erwachsenen dumm, die sowas machen.
Wenn wir uns bei Max treffen, lesen wir oft Micky-Maus-Hefte oder gehen auf
den Hof zum Spielen. Der Max wohnt an einer Straße, auf der viele Autos fahren. Da ist das Spielen zu gefährlich, sagt Florians Mutter, außerdem stinken
die Autos und machen Lärm. Meine Mutter fährt mit der Straßenbahn und dem*

Zug zur Arbeit, aber zum Einkaufen nimmt sie unser Auto, dann muss sie nicht alles schleppen.

Mein Papa holt mich mit dem Auto ab, wenn ich ihn besuche. Meine Eltern haben sich getrennt, als ich noch klein war. Da war ich ganz schön wütend auf die beiden und sehr traurig. Aber jetzt nicht mehr so sehr. Ich sehe meinen Papa ja immer dienstags und freitags, und da schlaf ich auch bei ihm. In der Straße, in der mein Papa wohnt, wohnen gar keine Kinder. Aber mein Papa geht immer mit mir zum Fußballspiel. Samstags habe ich immer ein Spiel und Training zweimal die Woche, montags und donnerstags. Früher habe ich noch Eishockey gespielt – aber das ist mir zu stressig. Ich konnte mich kaum noch mit meinen Freunden treffen. Mein Freund Malte z.B., der macht Taekwondo – immer dann, wenn ich Zeit zum Spielen habe. So kommt es, dass wir oft viele Wochen nicht miteinander spielen können.

Nach der Schule gehe ich bis 13.30 Uhr in die Kinderbetreuung, dann nach Hause und dann kommt meine Mutter von der Arbeit. Wir essen zusammen, ich mache meine Hausaufgaben, dann gehe ich raus oder zum Fußballtraining. Meiner Mutter muss ich selten helfen, aber mein Freund Malte, der geht einkaufen. Er hat auch noch einen kleinen Bruder.

Meine Mutter möchte nicht, dass ich viel fernsehe. Nur eine Sendung am Tag ist erlaubt. Bei Natalie zu Hause läuft immer der Fernseher. Da schauen wir manchmal fern. Aber das darf meine Mutter nicht wissen.

Nach dem Abendbrot muß ich ins Bett. Da darf ich dann noch eine halbe Stunde lesen. Um 8 Uhr sagt mir meine Mutter „Gute Nacht!.“

Gruppenarbeit

✗ Vergleichen Sie die Lebenssituation Florians und Janniks mit Ihren eigenen und anderen Kindheitserfahrungen.

✗ Entwickeln Sie Fragen zur Familiensituation von Kindern heute.

✗ Leiten Sie aus Florians und Janniks Berichten den möglichen Tagesverlauf eines Vorschulkindes bzw. eines Grundschulkindes ab.

Möglicherweise haben Sie sich bei der Untersuchung von Florians und Janniks Geschichten auch Fragen gestellt wie:

····➤ Wie leben Kinder heute?

····➤ Wie wohnen sie?

····➤ Wie spielen sie?

····➤ Welche Bedeutung haben die Medien für Kinder?

····➤ Ist Kindheit für alle Kinder ein Kinderspiel?

····➤ Wie hat sich Kindheit im Wandel der Zeit verändert?

····➤ Wie kann oder muss ich heute pädagogisch mit Kindern umgehen?

Diesen Fragen wollen wir in den folgenden Abschnitten nachgehen.

1.1   Kinderleben heute

1.1.1   Beispiele

Erwachsene über Kindheit und die Kinder von heute:

····▶ „Die Kinder sind heute alle so verwöhnt, mit nichts mehr zufrieden, denen geht es allen zu gut."

····▶ „Eine glückliche Kindheit kann einem keiner ersetzen."

····▶ „Kinder brauchen heutzutage einen Terminkalender und werden von einem Angebot zum nächsten gekarrt!"

····▶ „Kinder heute können nicht mehr richtig spielen."

Franzis Freizeit

(aus: Renate Alf: „Kinderleicht". Lappan Verlag Oldenburg)

1.1.2   Familiensituationen

„Familie" ist ein sehr komplexes Thema, das uns alle betrifft. 97 % der Kinder wachsen in einem Familienhaushalt auf. Fast jeder Mensch hat also Familie erlebt. Persönliche Erfahrungen und Wunschvorstellungen spiegeln sich in unserem Bild von „Familie" wider.

Darüber hinaus hat das Thema gesellschaftliche Bedeutung. Die Familie gilt als die Keimzelle der Gesellschaft. Alle politischen Parteien haben deshalb Hilfsprogrammvorschläge für Familien erarbeitet. Kindergeld, Kinderfreibeträge, Kindergartenplätze und Mutterschutz sind Beispiele für staatliche Versuche Familien zu stärken.

(R. Koch, in: DIE ZEIT Nr. 52/1994, 23.12.1994)

Einzelarbeit

✗ Beschreiben Sie die dargestellte Familiensituation.

✗ Stellen Sie dem dargestellten Familienbild die konkrete Lebenssituation einzelner Kinder (z.B. aus Ihrer Nachbarschaft oder Verwandtschaft) gegenüber.

✗ Vergleichen Sie die darstellte Situation mit eigenen Erfahrungen von familiärem Leben am Sonntagnachmittag.

Ein düsteres Bild von der Familie in unserer Gesellschaft beschreibt Susanne Mayer in ihrem Artikel „Der kalte Abschied von der Familie" (DIE ZEIT, 23.12.94):

„Die Gesellschaft ist derart kinderfeindlich, dass Spielwiesen immer seltener für Kinder, dagegen mehr für Hunde verwendet werden. (…) Geräumige, für Familien geeignete Wohnungen, wurden in den letzten Jahren in kleine Luxuswohnungen verwandelt, in denen keine Familie mehr Platz hat. (…)

Wer heute Elternglück bekundet, setzt sich dem Verdacht des Kitsches aus. (…) Leben doch in den Städten schon die Hälfte der Leute lieber alleine, ein Viertel der Frauen wird wohl gar keine Kinder mehr bekommen, drei Viertel der Eltern versagen sich ihren Wunsch nach einem zweiten Kind. Der Wunsch nach einem

Kind hat seine Selbstverständlichkeit verloren. (…) Wo alles nach Verdienst, Gewinn und Freizeit funktioniert, lässt sich der Kinderwunsch nur noch stammelnd begründen. (…)
Für Frauen ist die Gründung einer Familie das größte Armutsrisiko. (…) 40 % der Sozialhilfeempfänger sind allein erziehende Frauen. (…) Norbert Blüm, der vor zehn Jahren forderte, die Erziehung von Kindern müsse bei der Rente so viel zählen wie die Lohnarbeit, erklärte, warum das nicht geht. (…) Dabei ist Erziehen heute schwieriger als früher. Vor der Haustür tobt der Verkehr, im Fernsehen lauern die Gewaltclips (…) in den Schulen sollen Arbeitnehmer der Zukunft herangezogen werden. Da ist lückenlose Überwachung und Unterstützung gefragt, mehr, als manche Eltern geben können. Das Zusammenleben mit Kindern wird nicht selten zur Zerreißprobe – vor der dann die fliehen, die können: die Erwachsenen. Jeden Tag werden 300 Kinder zu Scheidungswaisen."

Kinder zu haben ist teuer, fast schon ein Luxus, den sich nicht alle leisten können. Er ist immer mit Konsumverzicht verbunden und macht ein Paar über viele Jahre immobil. Die Kosten für den reinen Unterhalt eines Kindes bei einfacher Lebensführung werden in einer Modellrechnung des Familienberichts mit ca. 9000 DM im Jahr angegeben. In der Bundesrepublik Deutschland lebt ein hoher Prozentsatz von Paaren kinderlos und mehr als ein Drittel aller Haushalte bestehen aus einer einzigen Person.

Wenn wir die Familiensituationen einzelner Kinder heute genauer betrachten, so stellen wir fest, dass die traditionelle Vorstellung von Familie nur auf einen sehr kleinen Teil der Kinder zutrifft.

Nur noch eine kleine Minderheit von Kindern – weniger als 4 % – wächst in einem Dreigenerationenhaushalt auf. Trotzdem haben 80 % aller Kinder regelmäßige Verbindung mit ihren Großeltern, die im gleichen Haus, in unmittelbarer Nachbarschaft, am gleichen Ort oder in einem nahe gelegenen Ort wohnen. Dank der stark angestiegenen Lebenserwartung erleben Kinder ihre Großeltern heute über einen längeren Zeitraum und wesentlich aktiver als frühere Kindergenerationen. Die Großeltern sind nach den Müttern die wichtigsten Bezugspersonen für Kinder, insbesondere in den Jahren bis zum Schuleintritt.

Neben der Zahl der Dreigenerationenhaushalte hat sich auch die Zahl der Kinder verringert, die in Familien leben. In der Bundesrepublik Deutschland wachsen 18 % der Kinder als Einzelkinder auf, 60 % wachsen mit einem und 22 % mit zwei oder mehr Geschwistern auf.

Ein weiterer Aspekt familialer Lebensformen betrifft die verstärkte Bildungs- und Berufsorientierung der Frauen. Sie bedingt die Verschiebung der Eheschließung bis zum Abschluss der Berufsausbildung, eine bewusste Planung und Beschränkung der Kinderzahl im Hinblick auf Vereinbarkeit von Berufs- und Familientätigkeit und eine erhöhte Beteiligung von Müttern an außerhäuslicher Erwerbstätigkeit. 1993 waren z.B. 42 % der Mütter von Kindern unter 6 Jahren berufstätig. Fast alle Frauen unterbrachen allerdings ihre Berufstätigkeit zur Wahrnehmung des Erziehungsurlaubs.

Zwar leben in der Bundesrepublik Deutschland auch heute noch 85% der Kinder in einer Familie mit Vater und Mutter zusammen. Dahinter verbirgt sich aber eine zunehmende Vielfalt familialer Lebensformen:

····► nichteheliche Lebensgemeinschaften,

····► die „Eineltern-Familie",

····► die zusammengesetzte Familie oder „Stieffamilie."

Die Anzahl nicht ehelicher Lebensgemeinschaften hat sich seit den frühen siebziger Jahren verzehnfacht und betrug 1993 bei den 25-34-jährigen 1,3 Millionen. Insbesondere jüngere, kinderlose Paare bevorzugen diese Lebensform. In den alten Bundesländern heiratet die überwiegende Mehrzahl der Paare – knapp 80 % – sobald ein Kind geboren wird. In den neuen Bundesländern hingegen hatten 1993 55 % der nichtehelichen Lebensgemeinschaften Kinder.

In „unvollständigen Familien", d. h. bei einem allein erziehenden Elternteil lebten 1994 15 % der Kinder, überwiegend (85-90 %) bei der geschiedenen oder vor einer Scheidung stehenden Mutter.
Etwa ein Drittel aller Ehen endet irgendwann mit einer Scheidung vor dem Familiengericht. Bei einem Sechstel der Ehen geschieht das innerhalb der ersten zehn Ehejahre. In der Hälfte der Fälle sind minderjährige Kinder betroffen.[1]

Häufig handelt es ich bei den Einelternfamilien um eine zeitlich begrenzte Lebensform. Ein großer Teil der geschiedenen Eltern heiratet wieder. In Zukunft werden deshalb immer mehr Kinder in so genannten „Patchwork-Familien" aufwachsen. Ihre Kindheit wird nicht von einer Familie bestimmt. Sie erleben vielmehr im Laufe ihrer Kindheit mehrere, sich immer wieder neu gestaltende Familien.

Wird über diese neuen, weit verbreiteten Familienformen gesprochen oder in den Medien berichtet, so haftet der Darstellung fast immer etwas Schuldhaftes an. Bestenfalls werden sie als mehr oder weniger schlechter Ersatz für die „richtige Familie" angesehen.

Partnerarbeit

X Entwickeln Sie einen Katalog an unterstützenden Maßnahmen für junge Familien.

X Begründen Sie die verbreitete schlechte Meinung über neue Familienformen.

X Ermitteln Sie, warum trotz aller Widrigkeiten und offensichtlichen Nachteile viele Paare nicht auf Kinder verzichten wollen. Wie stehen Sie dazu?

Wenn wir uns von der engen, verwandtschaftlichen Familiendefinition lösen, weil sie heute nur noch bedingt tragfähig ist, und ergründen, was das Besondere, das Spezifische einer Familie ausmacht oder ausmachen sollte, so lässt sich sagen:

Eine Familie besteht aus Menschen verschiedener Generationen, die in ständigem Geben und Nehmen miteinander verbunden sind.

---

[1] *(Vgl. hierzu: Bundesministerium für Familie und Senioren (Hrsg.): Familie und Familienpolitik im geeinten Deutschland – Zukunft des Humanvermögens. Fünfter Familienbericht, Bonn 1994; das statistische Bundesamt 1999 bestätigt die Zahlen i.W.)*

1.1.3 Bedeutung familialer Lebensformen

Die Familie bzw. die Eltern bilden die erste und wichtigste Umwelt für das Aufwachsen von Kindern. Die Familie bzw. Kinder bilden aber auch eine zentrale Lebenswelt für Erwachsene, für Eltern und Großeltern.

Der Umgang mit und die Sorge für Kinder stellt für heutige Eltern, insbesondere für Mütter, einen wesentlichen Inhalt und eine entscheidende Sinngebung ihres Lebens dar. In der Hierarchie der zentralen Lebensbereiche und -ziele rangiert nach Ergebnissen repräsentativer Befragungen die Familie – zusammen mit der Gesundheit – an erster Stelle.

Wie Kinder „Familie" sehen, was ihnen wichtig ist, haben Konrad, Rüchan und Dennis aufgeschrieben:

„Zu meiner Familie gehören: Mama, Papa, Tante, Onkel, Oma, Opa. Wenn wir uns nicht hätten, wäre ich nicht auf der Erde, und wenn ich schon auf der Erde wäre, würde ich verhungern und hätte keine Liebe, die man zum Leben braucht. Es ist nicht schön, wenn ich etwas ausgefressen habe, dann will ich nicht auf der Erde sein. Es ist schön, wenn wir friedlich miteinander leben und keinen Streit haben. Mein erster Papa hat sich mit meiner Mama geschieden, aber ich besuche ihn oft. Bei meinem Stiefvater fühle ich mich auch wohl ..."

(Konrad, 9)

„Ich brauche meine Familie zum Leben. Ohne meine Familie, wer sollte mir das Essen machen und mich großziehen? Aber noch besser wäre es, wenn ich einen kleinen Bruder hätte. Und wenn ich wüsste, was meine Eltern durchmachen mussten um mich zu behalten. Wenn man eine Familie hat, muss man mit Stress rechnen. Bei uns beginnt der Stress, wenn ich meinen Ranzen nicht packe ..."

(Rüchan, 9)

„Ich habe einen Bruder und meine Mama und natürlich auch einen Papa. Mein Bruder kann nie seinen Hasen fangen und ich helfe ihm immer. Ich habe gestern, als meine Mama nicht da war, zehn Pfannkuchen gemacht ..."

(Dennis, 8)

(aus: Linde von Keyserlingk „Wieviel Familie braucht ein Kind" in: Kindergarten heute, 4/95)

Partnerarbeit

X Analysieren Sie die Aussagen hinsichtlich der Bedeutung und Funktion, die die Kinder für sich in der Familie erkennen.

Konrad, Rüchan und Dennis sind sich der Bedeutung der Familie für ihr Leben bewusst. Die Familie gibt ihnen Leben und Liebe, sie versorgt die Kinder, die Familienmitglieder unterstützen sich. Konrad kommt es dabei weniger auf die Familienform an. Entscheidend ist für ihn, ob in seiner Familie ein friedliches Leben möglich ist, dass es Menschen miteinander gelingt, sich Lebensräume einzurichten. „Familie" meint nicht nur Haushalt, sondern „gelebte Beziehungen."

Zu den internen Faktoren gehören z.B. das Familienklima, die Zuwendung zum Kind und die Reaktionen auf seine Lebensäußerungen, die sächlichen und sozialen Anregungen sowie die Wohnverhältnisse.

In einem Prozess gegenseitiger Beeinflussung, durch Nähe, Wohlwollen und Gewohnheit entstehen **Bindung** und **Vertrautheit** bei allen Beteiligten.

Vertrautheit erweckt in uns angenehme Gefühle. Wir können sie als Erwachsene durch Fürsorge und als Kinder durch Schutzbedürfnis erlangen. L. von Keyserlingk beschreibt den Vorgang der Entstehung von Vertrautheit, in dem sich eine Mutter ihrem Kind und ihr Kind sich vertraut macht, so:

„Durch ständige Wiederholung der Alltagsrituale des Versorgtwerdens erkennen sie einander. Primäre Vertrautheit baut sich auf, in der jeder vom anderen nur Gutes erwartet. Schon an der Art, wie mein Schutzbedürfnis als Säugling und Kind wahrgenommen wird, lerne ich etwas über den Umgang mit Existenzangst. So wie mit meinen Versorgungswünschen umgegangen wird, lerne ich etwas über meinen Körper. Wie mein Lächeln und Weinen beantwortet wird, lehrt mich beziehungsfähig oder entmutigt zu sein. Wie auf meine Unterlegenheit und Abhängigkeit reagiert wird, lehrt mich Urvertrauen und die Fähigkeit, mich auf andere einlassen und verlassen zu können, oder auch nicht. All dies formt im vorsprachlichen Alter schon meine Bindungsmuster oder Überlebensstrategien."

Das Zusammenspiel von Wohlwollen, Gewohnheit und die Nähe einer Bezugsperson entwickeln sich im Kind zur Vertrautheit mit der Welt, zuerst zur Vertrautheit mit seiner direkten Umgebung:

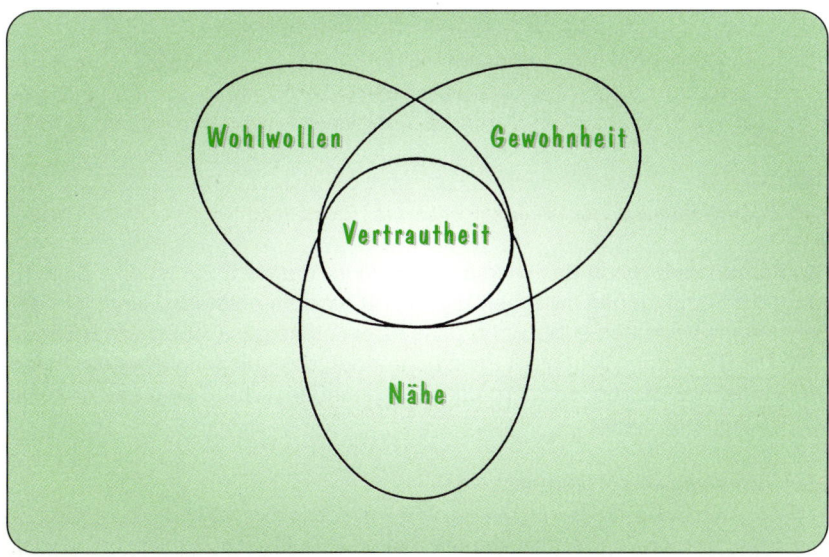

Faktoren der Vertrautheit

Man kann zwischen **primärer, sekundärer und tertiärer** Vertrautheit unterscheiden. Der Prozess des Vertrautmachens wiederholt sich nämlich in späteren Lebensphasen, allerdings auf anderem Niveau. Auch bei der Suche nach einem Partner bzw. einer Partnerin muss aus Fremdheit Vertrautheit werden. Sekundäre Vertrautheit entsteht. Sie gelingt um so besser, wenn die erste Phase primärer Vertrautheit günstig verlaufen ist, d.h. je wohlwollender mit einem Kind umgegangen wurde. Sekundäre Vertrautheit muss sich bei Partnern, Gleichen bilden. Dazu muss die Wechselwirkung von Autonomie und Intimität in der Paarbeziehung in Einklang gebracht werden. Beide Partner müssen sowohl Versorger als auch Versorgte sein.

Als tertiäre Vertrautheit bezeichnen wir fürsorgendes, pflegendes Verhalten, das sich auf ganz bestimmte Kinder bezieht. Mit ihr schließt sich der Kreis, denn Vertrautheit wird von allen Beteiligten gleichzeitig aufgebaut.

Aufbau von Vertrautheit als zirkulativer Prozess

Die Familie wird durch das wirksam, was in ihr passiert. Sie ist eine Einrichtung, die Beziehungen zwischen Eltern und Kindern entstehen lässt. Ein gegenseitiges Vertrauen ermöglicht, dass es ein ständiges Geben und Nehmen gibt. Die Bedeutung liegt nicht darin begründet, dass die Mitglieder der Familie blutsverwandt sind, sondern dass sie einander vertraut sind und sich mit Wohlwollen begegnen.

Man könnte es so zusammenfassen:

Kinder entwickeln sich im emotionalen Klima ihrer Eltern.

Kinder brauchen deshalb Erwachsene, die freundlich miteinander umgehen, die sich selbst akzeptieren und achten, die verantwortungsvoll mit ihrem Leben umgehen.

Betrachtet man die verschiedenen neuen Familienformen unter diesem Blickwinkel, so muss das Urteil nicht so pessimistisch ausfallen. Wir können sogar sagen, sie haben die gleichen Chancen wie gewachsene Familien. Voraussetzung sind Zeit, Geduld und Wohlwollen, damit sich aus Nähe und Gewohnheit Vertrautheit entwickeln kann.

1.1.4   Wohnen und Spielen

Ob Kinder mitten in der Großstadt oder in einem kleinen Dorf, in einer Reihenhaussiedlung oder auf dem Bauernhof aufwachsen, hat Einfluss auf ihr Leben und ihr Spielverhalten.

Plenum
 Diskutieren Sie in der Klasse, welcher Wohnort für Kinder ideal wäre.

Viele Familien wollen ihrer Kinder wegen aus der Großstadt fliehen. Die Meldungen über kinderunfreundliche Städte mit ansteigender Kriminalität und immer größerer Gefährdung durch zunehmenden Autoverkehr sind in den Zeitungen fast täglich zu lesen. Die Stadt und besonders die Großstadt gilt als gefährlich und bedrohlich; sie wimmelt von Verführungen und Verlockungen. Der Begriff Land dagegen symbolisiert Natur, Grün, Erholung und Entspannung. Das traditionelle Dorf gilt überwiegend als problemloser, kinderfreundlicher Lebensraum. Schnell kommt die Vorstellung von der Dorfidylle und von durch die Natur stromernden Kindern auf. Dennoch kommt diese Alternative für viele Familien wegen der langen Anfahrtswege zur Arbeitsstelle und der fehlenden kulturellen Angebote nicht infrage.

Ein beliebter Kompromiss ist das Wohnen vor den Toren der Stadt. So ist man schnell mitten im Geschehen und bei der Arbeit, aber wohnt trotzdem ruhig im Grünen. Überall entstehen an den Rändern der Städte neue Siedlungen mit Ein- oder Zweifamilienhäusern. Aus der Sicht der Eltern ist dies ein idealer Wohnort.

Aber wie empfinden Kinder selbst ihre Umgebung? Welche Auswirkung hat das Wohnumfeld auf das Spielverhalten?

Gruppenarbeit
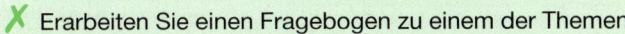
 Erarbeiten Sie einen Fragebogen zu einem der Themen
– „Wo ich am liebsten wohnen möchte" oder
– „Was ich am Nachmittag am liebsten spiele".

 Führen Sie eine Befragung bei 6–10-jährigen Kindern durch.

 Werten Sie die Befragung aus.

Wenn Sie Kinder nach ihrer Meinung über ihren Wohnort fragen, bekommen sie vielleicht ähnliche Antworten zu hören wie die von Alexander, Kristin, Sylvia, Jonathan und Raissa:

„Ich bin auch schon mal Trecker gefahren. Ganz alleine mit Papa. Und abends helfe ich ihm beim Heu holen für die Kühe, wenn Opa im Stall melkt. Ich habe ganz viele Tiere, Kühe, Schweine, Hühner, Katzen und einen Hund, aber einen kleinen. Pferde habe ich nicht. Ich finde es schön auf dem Bauernhof, da ist viel Platz. Abends darf ich manchmal Sesamstraße sehen, und die Puppenkiste habe ich auch schon mal gesehen. Aber viel lieber fahre ich mit Papa Trecker …“

(Alexander, 6)

„Wenn es regnet, spielen wir auch manchmal draußen, in den Pfützen oder unter der kaputten Regenrinne. Mama schimpft dann, wenn alles nass ist, die Jacke und so. Morgens gehe ich in den Kindergarten ganz alleine, und einmal in der Woche zum Spielkreis. Nur über die große Straße darf ich nicht alleine und nicht zum Fluss. Dann fall ich da rein und dann weint Mama. Fernsehen gucke ich nicht so oft, Sandmännchen und Sesamstraße und wenn es regnet Pumuckl …“

(Kristin, 3)

„In der Stadt ist es eigentlich ganz gut. Da kann man einkaufen, und da leben viele Leute. Manchmal sind es mir aber auch zu viele, wenn alles so voll ist. Die große Hauptstraße ist auch doof. Und wenn da so viele Baustellen sind, fahren alle Autos durch unsere Straße, und dann können wir da nicht mehr richtig spielen, und in den Baustellen dürfen wir auch nicht spielen. Oft gehe ich auch auf den Abenteuerspielsplatz, aber der ist ganz da hinten, und da darf ich nur mit Mama und Papa hin …“

(Sylvia, 7)

„Ich darf überall hin, wo nicht die große Straße ist. Das ist viel besser als in der Stadt, da hat man nur einen kleinen Garten, und auch die anderen Gärten sind ja nur Parkplätze, wo man nicht spielen darf. Das find ich nicht nicht gut. Und dann darf man nicht raus. Hier kann ich überall rumfahren mit meinem Fahrrad oder dem Kettcar. In einer großen Stadt möchte ich jedenfalls nicht wohnen. Hier gefällts mir. Hier ist es schön ruhig …“

(Jonathan, 6)

„Früher wohnte ich in Berlin. Ich weiß auch nicht, was schöner ist, Stadt oder Land. Aber eigentlich ist das hier ja eigentlich gar kein Land, sondern eine kleine Stadt. In der Großstadt ist es vielleicht nicht so langweilig, aber dafür ist es da so voll. Einen Hund könnte ich da auch nicht haben, höchstens einen Dackel. Da ist es viel zu gefährlich für einen Hund. Wenn der wegläuft, zwei Autos und dann ist er tot. Hier kann ich zum Reiten gehen, mit meiner Freundin, die hat Reitunterricht bei einem Bauern gleich da drüben, da geh ich dann manchmal mit. Manchmal ist es hier auch ganz schön langweilig, so wie Mathe in der Schule. Das ist echt der langweiligste Unterricht …“

(Raissa, 9)

(Spielen und Lernen 9/95)

Das verklärte Bild vieler Erwachsener vom Leben auf dem Land bzw. in einer stadtnahen Wohnsiedlung wird von den Kindern relativiert. Sie zeigen klar Vor- und Nachteile der jeweiligen Wohnsituation auf.

Das Deutsche Jugendinstitut in München veröffentlichte 1995 eine Studie über das Spielverhalten von Kindern. „Was tut ihr am Nachmittag?" wurden 1000 Kinder im Alter zwischen acht und zwölf Jahren in drei unterschiedlichen Regionen gefragt, ein Stadtteil einer Großstadt, zwei stadtnahe Siedlungen („Wohndörfer" genannt) und eine traditionelle ländliche Gemeinde. Die Forscher fanden heraus:

- Zwei Drittel aller befragten Kinder besuchen häufig oder manchmal einen Spielplatz in ihrem Wohngebiet.

- Vorhandene Wälder, Felder, Bäche usw. spielen für die Kinder in den nichtstädtischen Regionen hinsichtlich ihres Aufenthalts im Freien offentsichtlich keine entscheidende Rolle.

- Fernsehen und Kassettenhören sind bei fast allen Kindern täglicher Bestandteil ihrer Freizeitgestaltung.

- Nicht etwa die Großstadtkinder sehen am meisten fern, sondern die Kinder auf dem Lande und in den Wohndörfern.

- Mädchen spielen mehr in der Nähe der Wohnung, während Jungen eher öffentliche Plätze, die weit von der Wohnung entfernt sind, aufsuchen.

- Kindern, die daran gewöhnt sind, in unmittelbarer Umgebung der Wohnung zu spielen, fällt es auch bei zunehmendem Alter schwer, neue öffentliche Orte für sich zu entdecken.

- Die Hälfte aller Landkinder spielt meistens mit anderen Kindern, etwas weniger die Stadtkinder und nur ein Drittel der „Wohndorf-Kinder."

- Ganz ohne Spielgefährten sind nur 1% der befragten Kinder.

- Alle Kinder gaben an, den besten Freund/ die beste Freundin im Kindergarten bzw. in der Schule gefunden zu haben.

- Unangemeldet traut sich kaum noch ein Kind bei seiner Freundin oder seinem Freund zu klingeln. Im „Wohndorf" planen die Kinder ihre Treffen fast immer im Voraus. In der Stadt und auf dem Lande gaben ein Fünftel der Kinder an, sich kaum verabreden zu müssen um Freunde zu treffen.

- Die Kinder aller Regionen konnten sich vorstellen, ihre Freizeit in der Schule zu verbringen. Dabei wünschten sich die jüngeren Kinder Angebote, während die älteren eher Räume zur selbstständigen Nutzung bevorzugen würden.

- Während nur knapp die Hälfte der Grundschüler im Wohndorf und auf dem Land angaben, nicht genügend Zeit zu haben, klagten zwei Drittel der Stadtkinder über Zeitmangel, den sie hauptsächlich auf schulische Verpflichtungen zurückführten. Trotzdem wünschten sich vor allem die Großstadtkinder ein noch größeres Freizeitangebot.

- Über 80% der befragten Kinder sind (meist auf eigenen Wunsch) mindestens in einem Verein Mitglied.

- Kulturangebote nehmen Kinder in Landgemeinden deutlich weniger in Anspruch als Stadtkinder.

- Der Sportverein mit seinen verschiedenen Sparten ist überall die beliebteste Vereinsart.

Eine Studie des Jugendinstituts räumt mit einigen gängigen Vorurteilen auf. **Stadtkinder sitzen nicht nur vor dem Fernseher und Landkinder stromern nicht ständig durch Wald und Feld.** Die Auswirkung der Wohnsituation auf das Spielverhalten der Kinder scheint differenzierter zu sein als viele Erwachsene (auch Pädagogen) glauben.

Kinder scheinen anpassungsfähig mit ihren verschiedenen Wohnsituationen umgehen zu können.

In ihrem Freizeitverhalten werden ihre Bedürfnisse deutlich. Kinder wollen sich bewegen, sie wollen Spielpartner und Freiräume haben, sie wünschen sich Erwachsene in der Nähe, ohne ständige Bevormundung.

Partnerarbeit

✗ Ermitteln Sie, wo und wie Kinder in Ihrem Stadtviertel spielen (z. B. durch eine Fotorecherche).

✗ Erkunden Sie die Spielplätze ihres Wohngebietes.

✗ Welche Spielgeräte gibt es?

✗ Was kann gespielt werden, was wird gespielt?

✗ Wer benutzt den Spielplatz?

✗ Erarbeiten Sie Vorschläge zur Verbesserung der Spielplätze.

Beobachtet man das Leben in den Straßen der Städte genauer, so sieht man, dass sich nicht alle Kinder verdrängen lassen. Kinder, die sich öffentliche Räume aneignen, lassen sich nicht auf Spielplätze begrenzen, sie spielen überall. Am wenigsten spielen sie auf den bereitgestellten Spielflächen. Dabei müssen sie sich mit Erwachsenen auseinandersetzen, die ihnen ihre Verhaltensvorschriften aufzwingen wollen. Sie sind außerdem ständig in Gefahr, Opfer von Verkehrsunfällen zu werden. In der Bundesrepublik Deutschland verunglücken jährlich 50.000 Kinder im Straßenverkehr.[1]

Ballspielen, Klettern, Radfahren verboten.
Für Schaden haften Eltern oder Erziehungsberechtigte.
Der Hauseigentümer

aus: TPS 4/88 S. 183

Städte und Gemeinden können z. B. durch das Einrichten von Spielstraßen oder durch das Schaffen einer öffentlichen Spielfläche die städtische Umwelt kindgerechter gestalten.

Spielstraßen

1991 lud die Stadt Stuttgart die Kinder ein, sich einen Nachmittag lang an zehn verschiedenen Spielstraßen der Stadt einzufinden, sich dort mit anderen Kindern zu treffen und unter der Betreuung von Pädagogen verschiedener Einrichtungen auf diesen Straßen zu spielen. Mit blau weißen Schildern, die spielende Kinder zeigen, wurde angezeigt: verkehrsberuhigte Zone, Spielstraße, Kraftfahrzeuge und Fußgänger sind gleichberechtigte Partner, hier darf nur im Schritttempo (7 km/h) gefahren werden!

---

[1] *(Vgl. hierzu: Harms/Preissing/Richtermeier: Berlin 1985)*

Der folgende Bericht aus Stuttgart zeigt erste Erfahrungen mit der Einführung von Spielstraßen:

Ziel war es, auf den Sinn der blauen Schilder aufmerksam zu machen.

Wir brauchen Kinder!

Wir beanspruchen Lebens- und Spielraum!

Wir brauchen den Kraftfahrer als Partner!

Trotz des heißen Sommertags fanden sich Kinder ein. Sie liefen Rollschuh, spielten Federball, sprangen Seil, spielten mit Murmeln, fuhren mit dem Fahrrad. Die zur Verfügung stehende Fläche erwies sich als zu gering. Das Spiel wurde ständig durch den (wenn auch langsam) fließenden Verkehr unterbrochen. Es gab Autofahrer, die mit Ärger oder Unverständnis reagierten.[1]

Öffentliche Spielfläche

Sieben Jahre nach den ersten Spatenstichen ist der rund 6000 qm große öffentliche Spielbereich ein blühendes Anwesen, das zunehmend intensiver genutzt wird. Beschwerden der Anwohner sind nicht bekannt. Die Hundebesitzer der Umgebung wissen inzwischen längst, dass die Grünanlage keineswegs als Toilette für ihre Vierbeiner eingerichtet wurde.

Gebaut und gepflanzt wurde selbst. Kinder, die Blockinitiativler und manche Eltern verwerteten anfangs Büsche, Bäume, Stauden und Blumen aus dem eigenen Garten, Spenden von nebenan und Gerettetes vor den brandschatzenden Rodern der Bundesgartenschau (BUGA) 1985.

Später half dann die Bezirksgärtnerei mit, indem sie Gehölze und zwanzig größere Bäume kostenlos anlieferte. Die bisher größte „Baumpflanzaktion" wurde 1984 aus Mitteln des Hofbegrünungsprogramms (Senator für Stadtentwicklung und Umweltschutz) finanziert. An der Haustür wurden Mieter um ihre Mithilfe gebeten. In Baumschulkatalogen durfte sich unter fachkundiger Beratung jeder seinen Lieblingsbaum aussuchen. Es kostete sie nichts, die Bestellung und Anlieferung übernahm die Blockinitiative, nur – sie mussten ihn dann selbst einpflanzen und die Pflege – besonders das

Bewässern im Sommer – übernehmen. Insgesamt 40 Bäume kamen auf diese Weise in die Erde.

Eine Planung über die Aufteilung und Gestaltung des Geländes hat es nie gegeben. Jedenfalls nicht im Sinne einer Handlungsanweisung. Vielmehr hat die reale Nutzung über den Fortgang der Dinge entschieden, das unmittelbare Handeln von Nutzern und Anwohnern war und ist Ausgangspunkt geblieben. Auf der ehemaligen Schuttwüste, die nach Beendigung der Abrisse von den Firmen hinterlassen wurde, entstanden auf diese Weise zunächst kleine, grüne Inseln, die inzwischen längst zusammengewachsen sind. Zäune, die das Gelände früher zerschnitten, wurden entfernt. Von den umliegenden Grundstücken aus entstanden langsam Zugänge, erst als verstohlene Zaunlöcher, später in Form fest installierter Gartentore.

Ungeplant war auch die Entwicklung der Freifläche in Richtung Kinderbauernhof. Mit drei Hühnern einer Hausgemeinschaft fing es irgendwann an, bald wurden es mehr, zwei Enten kamen hinzu. Heute gibt es bereits eine ausgewachsene Ziegenfamilie mit eigenem Gehege. Fütterung und Pflege wird durch die „Ziegengruppe" organisiert, drei bis fünf Erwach-

---

[1] *(Vgl. hierzu: G. Stürmer/H. Schmidt, Spielstraßen – Straßenspiele, in: Kindergarten heute Freiburg 4/92)*

sene und ungezählte Kinder, die sich nur schwer bremsen lassen.

Nach sieben Jahren Arbeit ist im Block 128 eine Mischung aus Grünanlage, Spielplatz, Tierpark, Festwiese und Hausgarten entstanden, die mit keinem dieser Schlagworte ausreichend beschrieben ist.

Dass die Freifläche im Block 128 mehr Erfahrungs- und Spielmöglichkeiten bietet als andere Plätze hat im Wesentlichen einen Grund. Sie ist eben kein Spielplatz im Sinne eines Spielreservates. Hier gibt es kein Schild, keinen Zaun, keinen planungstechnischen Eingriff, der darauf abzielt, den Kindern ihren Bereich zuzuweisen. Das Gelände ist für alle da und es ist rund um die Uhr geöffnet. Erholungs- und Freizeitbedürfnisse von Erwachsenen können ebenso befriedigt werden wie die Spielbedürfnisse der Kinder. Für alle Altersgruppen bietet das Gelände Platz und Anreize. Außer Tieren gibt es eine Grillecke mit Lagerfeuerplatz, zwei alte Tischtennisplatten aus Beton, die jedoch fast nie als solche benutzt werden, einen Fußballplatz, ein weiteres Ballspielfeld ohne Tore, einen Komposthaufen, einen Gemüsegarten, in den Boden versenkte Badewannen, die 'Neue Heimat' hat das einzige Klettergerüst mit Rutsche spendiert, Liegewiesen, Versteckecken, Holzhaufen, Tische und Bänke, einen „Teich" mit manchmal im Sommer Wasser drin, Obstbäume, einen langen, rund zwanzigmal geflickten Gartenschlauch, mehrere Hügel und vieles mehr.

Dementsprechend vielfältig sind auch die Betätigungsmöglichkeiten für Kinder.

Vieles, was den Kindern hier an Spielen einfällt, ihre Aufmerksamkeit findet, geht gerade auf Anreize und Aktivitäten von Erwachsenen zurück, die es auf üblichen Spielplätzen nicht gibt: Mit den Hasen spielen, Hühner füttern, mit dem Hahn krähen, sich mit dem Gartenschlauch abspritzen, die Schubkarre durch die Gegend fahren, den Fußballplatz harken, Büsche gießen, Feste feiern. Was Erwachsene tun, verlockt Kinder „zu helfen" oder es einfach selber auszuprobieren.

In einer Zeit, in der Kinder, wenn nicht gerade die Eltern sie unter der Fuchtel haben, die größte Zeit des Tages in Kitas, Schülerläden, Schulen, Sportvereinen, im Musikunterricht oder ähnlichen Zusammenhängen mit pädagogischer Betreuung oder doch zumindest unter Aufsicht Erwachsener verbringen, werden unkontrollierte Bewegungsmöglichkeiten immer seltener. In einem hochverdichteten Stadtkern, in dem Kinder fast ausschließlich mit Straßen, Bürgersteigen, Hauseingängen, Treppenhäusern, Fahrstühlen, Müllplätzen, Parkplätzen, Stadtplätzen, Spielplätzen, Feuerwehrzufahrten, Häusern und Geschäften, also mit funktionsbezogenen, hochspezialisierten Räumen umgeben sind, erhalten ökologische Nischen und funktionsdiffuse Resträume eine immer wichtigere Bedeutung.

Der Block 128 bietet beides. Er ist ein pädagogisch unbetreuter, multifunktional nutzbarer Freiraum und als solcher weit und breit einzigartig. Die Bezeichnung „Modellspielbereich 128" soll diesen Pilotcharakter deutlich machen und zur Nachahmung anregen.

(aus: Andreas von Zadow in TPS 4/88, Bielefeld)

Für die Persönlichkeitsentwicklung von Kindern ist es wichtig, dass sie sich den alltäglich genutzten Raum, ihren „Streifraum", handelnd aneignen können. Kinder tun dies normalerweise in konzentrischen Kreisen. Von der eigenen Wohnung ausgehend, erkunden sie mit zunehmendem Alter nach und nach die weitere Umgebung.

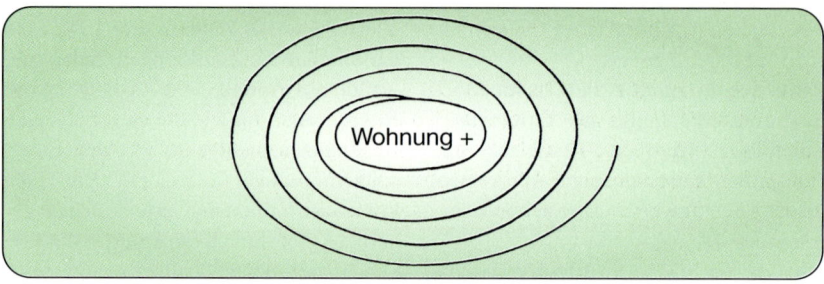

Eroberung der Wohnumwelt in konzentrischen Kreisen

Das heutige Leben vieler Kinder (besonders der unter sechs-jährigen) lässt sich eher als ein Leben „auf mehreren Inseln" beschreiben. Es gibt eine Wohninsel, eine Kindergarteninsel, eine Einkaufs-, eine Freundes-, eine Spielplatzinsel und vieles mehr. Die einzelnen Inseln, die einzelnen Erfahrungswelten stehen für das Kind mehr oder weniger beziehungslos nebeneinander. Es fehlt ihnen der Sinnzusammenhang. Der Raum zwischen den Inseln ist uninteressantes oder sogar feindliches Element und muss überbrückt werden. Das Kind ist vom Erwachsenen abhängig, der die Inseln für das Kind miteinander verbindet, den Besuch organisiert, der es fährt, der es begleitet. Dieser erlebnisarme Zwischenraum wird mit Hilfe von Auto, Bus oder U-Bahn überwunden. Die Länge der Strecke, die überwunden werden muss, ist unwichtig. Wichtig ist die Zeit, in der das Ziel erreichbar wird. Wartezeit dazwischen ist gebundene Zeit.

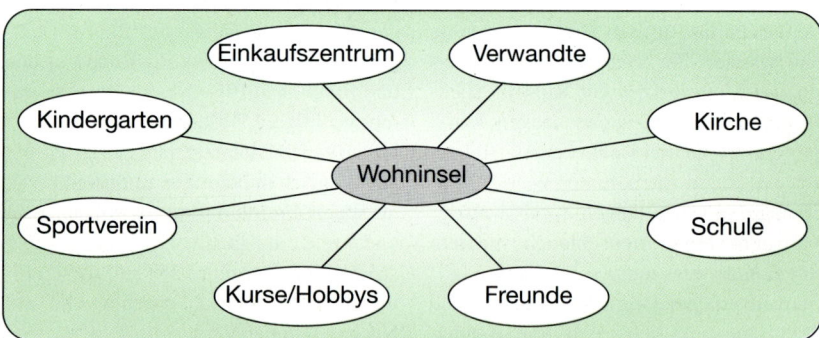

Leben auf mehreren Inseln

Einzelarbeit

Protokollieren Sie an Ihrem Praxistag in der Familie,

✗ wie oft Erwachsene in das kindliche Spiel eingreifen, um die „verschiedenen Inseln" miteinander zu verbinden;

✗ wie viel Zeit Kinder dadurch wartend verbringen müssen.

1.1.5 Medienkonsum

Das Fernsehen fasziniert nicht nur die Kinder, sondern im Laufe der Entwicklung prägt es sie in ihren Einstellungen und in ihrem Verhalten. Neben Elternhaus, Kindergarten und Schule ist das Fernsehen heute zur dritten Erziehungsmacht geworden. Das Fernsehen stellt die unberechenbarste und unkontrollierbarste Einflussgröße im Sozialisationsprozess dar.

Einzelarbeit

X Erkunden Sie, wie in Ihrer Praktikumsfamilie mit dem Fernsehen umgegangen wird.
(Dürfen die Kinder fernsehen, wie lange, welche Sendungen etc.?)

X Wie werden die jeweiligen Fernsehregeln von den Eltern begründet?

Fernsehen wird sehr unterschiedlich beurteilt:

PRO	CONTRA
■ Das Fernsehen bietet neue Informations- Lern- und kulturelle Bildungsmöglichkeiten.	■ Das Fernsehen wirkt eher negativ auf Konzentration und Leistungen der Kinder. Der Montag dient vielfach dazu, die unverarbeiteten Fernseherlebnisse aufzuarbeiten.
■ Fernsehen fördert die kognitiven Fähigkeiten der Kinder.	■ Die passive Aufnahme von TV-Darbietungen verhindert die Entwicklung eigener Interessen und Begabungen.
■ Das Fernsehen ermöglicht den Kindern – insbesondere in Kindersendungen – eine altersangemessene Form der Unterhaltung, auf die Kinder ebenso Anspruch haben wie Erwachsene.	■ Das Fernsehen vermittelt unerwünschte Identifikationsmuster (Gewaltdarstellungen, Werbung), die von den Kindern übernommen werden.
■ Das Fernsehen hilft in bestimmten Situationen den Eltern, Konflikte mit Kindern besser zu lösen, da es eine ablenkende und beruhigende Wirkung auf Kinder hat.	■ Das Fernsehen als „Erziehungshelfer" und „Babysitter" macht Kinder und Eltern abhängig. Kinder sind nach der Sendung oft aufgedrehter und unzufriedener als zuvor.
■ Fernsehen bildet einen Mittelpunkt innerhalb der Familie, es sichert den Zusammenhalt der Familienmitglieder.	■ Das Fernsehen behindert die natürlichen Kommunikationsformen im Familienleben. Der Einzelne wird isoliert und Gespräche über persönliche Angelegenheiten unterbleiben.
■ Wenn das Fernsehen nicht bereits existierte, müsste man es im Interesse der Kinder erfinden.	■ Fernsehen sollte man im Interesse der Kinder abschaffen.

Lieber Gott,
verwandle mich in ein Fernsehgerät.
Ich möchte so gerne, dass meine Eltern sich über mich freuen!
Abendgebet eines Kindes
(aus: Theorie und Praxis der Sozialpädagogik, Luther-Verlag Bielefeld, 6/80)

Die Art und der Umfang kindlichen Fernsehkonsums hängt mit sozialen Bedingungen zusammen:

····▶ Je höher der Bildungsstatus der Eltern, desto geringer ist der Fernsehkonsum der Kinder dieser Familie. In höheren sozialen Schichten lesen Kinder häufiger, in unteren Schichten spielt das Fernsehen eine größere Rolle.

····▶ Der Fernsehkonsum ist umso geringer, je besser der ökonomische Kontext ist, d.h. je größer die Wohnung und je besser die Umfeldbedingungen wie Spielplatz, Kindergarten, Schulen, Freizeitmöglichkeiten.

····▶ Neben der restriktiven Steuerung des Fernsehens durch die Eltern ist auch ein anregendes Familienklima für geringen Fernsehkonsum verantwortlich, d. h. vor allem die Beteiligung der Eltern am Kinderleben (nach Schied, H.W., Freiburg 1992).

1.2 Kindheit gestern

Die Lebenssituation von Kindern um 1900 unterschied sich in vielen Aspekten von der heutigen. Kinderarbeit war an der Tagesordnung und Entfaltungsraum war in den kleinen Wohnungen nicht gegeben.

1.2.1 „Heile, heile, Segen" — Schutz der Kinder vor Arbeit

(Richter, Ludwig 1991, Das große Hausbuch der Volkslieder, Hg.: H. Hansen, Obis-Verlag, München 1991)

Einzelarbeit

 Beschreiben Sie die beiden Bilder von Ludwig Richter (1803-1884). Achten Sie vor allem darauf, was die Kinder tun und wie sie gekleidet sind.

Was Kinder zu jener Zeit (vor und um 1900) taten oder tun mussten, war im Wesentlichen vom sozialen Status der Eltern bestimmt. Es gab Kinder aus reichen Bürgerhäusern, die sich einen Teil des Tages mit dem Spiel beschäftigen konnten. Dann gab es Kinder, die ihren Eltern helfen mussten, das nötige Geld zum Leben zu verdienen. Es herrschte eine große Not in Arbeiterfamilien um 1900.

Unter Aufsicht einer Erwachsenen sitzen arme und verwaiste Kinder bei der Herstellung kleiner, aus Drähten gebogener und verflochtener Täschchen, „als Anhängsel an Uhrketten oder Armspangen, als Opferbeutelchen oder zu Taufpatengeschenken, versilbert oder vergoldet zu 1 Mk." zu tragen. Der Bedarf an Bijouterien aller Art dient hier der „Disziplinierung durch Arbeit."

Federn sammelnde Kinder bei den Rummelsburger Gänseherden, nach W. Zehme, um 1890. – Wenn zwischen September und Dezember Tausende von Gänsen für die Berliner zusammengetrleben wurden, sammelten Kinder die herumliegenden Federn für 50 Pf. bis 2 Mark das Pfund.

Das Vermieten der Tiroler „Schwabenkinder" in Ravensburg, um 1875. – Wie auf einem Markt wurden Kinder armer Eltern vom 19. März bis 1. November für kleinere Feldarbeiten und zur Viehbetreuung angeworben. Vom Schulunterricht waren sie für diese Zeit befreit.

(aus: S. und W. Jacobeit, Köln 1987, S. 153, 155)

Partnerarbeit

✗ Stellen Sie diese Bilder den zuerst gezeigten gegenüber. Vergleichen Sie die Tätigkeiten der Kinder auf den unterschiedlichen Bildern.

Nach den Schätzungen verschiedener Geschichtsforscher muss man heute davon ausgehen, dass es um 1900 etwa 1 Million Kinder aus Arbeiterfamilien gab, die tagtäglich zwölf Stunden arbeiten mussten. Damit trugen sie dazu bei, dass ihre Familie finanziell überleben konnte – und nicht hungern musste. Erst das deutsche Kinderschutzgesetz von 1903 verbot für Kinder unter 12 Jahren jedes Arbeitsverhältnis, wurde jedoch vielfach umgangen. (Weber-Kellermann 1989, S. 156).

Der Politiker August Bebel stammte nicht aus einer wohlhabenden Familie. Er schildert seine **Lehre als „Drechsler"**, die er 1853 im Alter von 13 Jahren (!) begann:

„Meine Lehre war eine strenge und die Arbeit lang.
Morgens 5 Uhr begann dieselbe und währte bis abends 7 Uhr ohne Pause. (…)

Sobald ich morgens aufgestanden war, musste ich der Meisterin viermal je zwei Eimer Wasser von dem fünf Minuten entfernten Brunnen holen …"

Natürlich wurde das Gesetz gegen die Kinderarbeit vom Staat überwacht. Doch die „Inspektoren", die mit der Kontrolle der Fabriken beauftragt worden waren, wurden sehr häufig belogen.

Aus dem „Zentralen Staatsarchiv, Dienststelle Merseburg" zitiert nach J. Kuczynski, Köln 1981 ist eine weitere ergreifende Schilderung von einem Kind entnommen, das in frühester Jugend (mit 13 Jahren) gezwungen war zu arbeiten:

Der Junge erhielt 85 Pfennig Tagelohn bei zehnstündiger Arbeitszeit.

Er hatte in dieser Zeit zwischen dem Presser und dem rotierenden Aufzug 36 Kilometer zurückzulegen und hatte 1260 Zentner geformten Ziegelton zu transportieren. Da gabs kein Warten und kein Verschnaufen; er war das Zwischenglied zweier automatischer Maschinen, die das Tempo seiner Sätze regelten; und dann war zur Aufsicht der riesig große, rohe Presser da, der furchtbar schrie, wenn er die Ziegel eine viertel Sekunde länger in der Hand halten musste. Wenn schließlich die Pause da war, hatte der Junge keinen Hunger und keinen Durst mehr; er war so müde. Am Abend waren ihm die Knochen wie zerschlagen und er wusste bald nicht mehr heimzukommen. Am Morgen spürte er noch größere Müdigkeit und wünschte, es wäre Sonntag.

Wenn er dann wieder eine Stunde lang den Weg zwischen Presser und dem Aufzug gemacht hatte, fühlte er sich nicht mehr so müde; aber die Minuten wurden ihm zu Stunden, die Stunden zu Ewigkeiten.

Von dem vielen roten Staub wurden seine Hände und sein Gesicht rot; und rot war, was er spuckte, und er glaubte, es sei Blut und er müsse sterben.

Ach ja, sterben! Wenn er nur sterben könnte, denn anders konnte er ja den furchtbaren Maschinen nicht entrinnen.

Aber er starb nicht (…), und lachen konnte er auch nicht mehr.

Wenn er gewaschen war, war er nicht mehr rot, ganz gelbbleich und mager war er.

Außer an Ruhe und Sterben dachte der Junge oft gar nichts mehr.

Kuczynski (1982) schreibt:

„Die Regierung versucht, durch Kinderschutzgesetze etwas für das Militär zu tun – aber die Eltern sind durch elend niedrige Löhne gezwungen, die Kinder unter allen Umständen in die Arbeit zu zwingen."

„Der Schulunterricht ist zweifellos ein gewisser Vorteil für die Kinder – aber er raubt ihnen die wenigen Stunden zum Spielen." (S. 398) Sie mussten vor und nach dem Unterricht arbeiten.

„Das Militär befürchtete zu Recht, dass die jungen Männer, wenn sie später zum Dienst eingezogen wurden, gesundheitlich zu schwach sein könnten, den Dienst in der Armee zu leisten."

1.2.2 Wohnen – oder: Hausen in „Ein-Zimmer-Wohnungen"

Das Einzimmer-Apartment mit Kochnische, Flur und Bad gab es um 1900 noch nicht. Auch wurden Wohnungen von solcher Größe nicht von einem „Single" bewohnt, wie das heute der Fall ist.

In den Arbeiterwohnungen herrschten – nach einer Befragung vor dem ersten Weltkrieg (vor 1914) bei einer Schulkinderbefragung in Berlin – folgende

Zustände (nach Weber-Kellermann 1989, S.162):

••••► Lediglich 33% der Kinder schliefen in einem eigenen Bett.

••••► 63,5 % schliefen zusammen in einem Bett.

••••► 3,4 % schliefen zu dritt im Bett.

••••► 0,1 % schliefen zu viert in einem Bett.

Diese Kinder teilten sich die Betten mit Mutter, Vater und Geschwistern.

„Meist bestand die Wohnung aus einer zweifenstrigen Stube und einer einfenstrigen Kammer. Küchen waren in den Arbeiterwohnungen kaum vorhanden. Man konnte es sich gar nicht leisten, zwei Zimmer zu heizen.
(…) Die Stubeneinrichtung war dürftig; sie bestand in der Regel aus Tisch, Sofa, Kommode, Spiegel, Stühlen sowie einigen Bildern. Die Kammer war fast völlig durch Bettstellen belegt; in ihr befanden sich sowohl die Essvorräte wie auch alle anderen zum Haushalt benötigten Dinge …" (Weber-Kellermann, S.165).
„Um 1880 gab es 28% der Wohnungen mit nur einem Zimmer in Hamburg, 49% in Berlin, 55% in Dresden und 70% in Chemnitz" (Weber-Kellermann, S.165).

Nach dem Autor Franz Rehbein, P. Göhre 1911, S.14 und 23 waren diese kleinen Wohnungen häufig noch durch Werkstätten zusätzlich eingeschränkt: In Handarbeit wurden z.B. von der ganzen Familie Kleider genäht. Franz Rehbein schreibt:

„Eine Werkstatt mit Gesellen und Lehrlingen hatte er freilich nicht.
Das einzige Zimmer der kleinen Mietswohnung diente für unsere sechsköpfige Familie daheim gleichzeitig als Wohn- und Schlafraum, als Küche – obendrein als Werkstatt meines Vaters.
Hier saß er an seinem Tisch zwischen Lappen und Flicken (…) von früh bis spät; Mutter half. (…)
Sechs Personen in ein und demselben kleinen Zimmer, das für zweie eigentlich zu klein gewesen wäre, und dort wurde gewohnt, geschlafen, gekocht, gewaschen und jetzt diente es auch noch als Krankenstube!" (Anmerkung: Der Vater war inzwischen krank geworden.)
„Kinder, geht schnell zur Schule", sagte Mutter des Morgens zu uns, „die Luft ist hier so dick und Vater friert im Bett, wenn ich's Fenster aufmache".

Gruppenarbeit

✗ Besorgen Sie sich bei der Stadtverwaltung Zahlen über Wohnungsgrößen heutzutage. Berechnen Sie: Wie viel Platz steht den Menschen heute in Wohnungen zur Verfügung.

✗ Finden Sie heraus: Wieviel Platz steht Kindern heute (nur in Kinderzimmern) zur Verfügung.

✗ Fertigen Sie den Grundriss einer Wohnung an, die von einer Familie in einem normalen Mehrfamilienhaus bewohnt wird. Diskutieren Sie die Aufteilung der Zimmer – auch vor dem Hintergrund der Informationen, die Sie in diesem Buch (über das Wohnen der Arbeiterfamilien um 1900) finden. Wie viele Familien vermieten Zimmer an fremde Personen – und ab welcher Wohnungsgröße?

Eine Schusterwerkstatt um 1889 – mit zwei Kindern:

(C. W. Allers: Schusterwerkstatt, 1989; nach Weber-Kellermann, S. 166)

2. Was braucht ein Kind – oder: Der Hospitalismus

Szenario

Schon die ersten Tage im Kindergarten hatte Karsten (4 Jahre) große Probleme. Jeden Morgen gab es Theater. Er schrie, wenn seine Mutter sich verabschieden wollte. Ein paar Mal nahm ihn seine Mutter wieder mit nach Hause, weil sie das Kind nicht „im Stich lassen wollte", wie sie sagte. Die Kinderpflegerinnen und Erzieherinnen verstanden zuerst nicht, was die Mutter damit sagen wollte. Noch nie hatten sie mit einem Kind zu tun gehabt, das solche Schwierigkeiten in der Eingewöhnungszeit hatte.

In der zweiten Woche einigten sich Kindergartenleitung und Mutter auf einen „sanften Übergang:"
Der Vater nahm sich ein paar Tage frei und blieb 1-2 Stunden in der Gruppe, in die Karsten gehörte. Das beruhigte Karsten sehr. Sein Vater fragte ihn nach einer gewissen Zeit: „Karsten, kann ich jetzt gehen? Ich muss noch ein paar Besorgungen machen. Ich hole dich nachher wieder ab."

Am ersten Tag aber sagte Karsten: „Nein! Papa, bleib noch!" So ging das vier Tage. Der Vater blieb bis zum Mittag. Endlich, am Freitag, durfte Karstens Vater nach einer halben Stunde gehen. Er kam auch pünktlich um 12.00 Uhr, um seinen Sohn abzuholen. Karsten freute sich riesig; er drückte seinen Vater ungewöhnlich lange. Doch von da an konnte seine Mutter morgens sofort wieder gehen, sobald sie sich ausgiebig von Karsten verabschiedet hatte. Karsten wusste jetzt: Meine Eltern kommen wieder - sie holen mich ganz sicher ab!

Nachdem der Einstieg Karstens in den Kindergarten gelungen war, baten die Eltern um ein Gespräch mit der Gruppenleiterin. Sie erklärten die Hintergründe der Ängste von Karsten, damit sich die Kinderpflegerin und die Erzieherin darauf einstellen konnten:

Karsten war im Alter von einem Jahr ins Kinderheim gekommen. Die jetzigen Eltern sind seine Adoptiv-Eltern. Karsten wisse das, sagten sie. Karsten habe immer noch große Angst, sich von ihnen zu trennen. Tatsächlich sei er auch noch nie länger alleine gewesen. Erst die Kindergartenzeit habe sie erneut auf dieses Problem aufmerksam gemacht. Karsten sei im letzten Jahr adoptiert worden.

Unter Umständen haben Sie im Praktikum mit solchen Schwierigkeiten von Kindern Erfahrungen gemacht. Sie haben sich vielleicht gefragt, wie es kommt, dass sich Kinder so entwickeln können. Wir wollen in diesem Kapitel darauf eingehen, was Kinder in der frühesten Kindheit benötigen.

Partnerarbeit

 Sprechen Sie mit Kinderpflegerinnen/Erzieherinnen. Versuchen Sie herauszufinden, welche Verhaltensprobleme es bei Kindern gibt. Machen Sie eine Liste und besprechen Sie sie mit den Lehrerinnen.

2.1 Der Hospitalismus und die Konsequenzen für eine günstige Entwicklung

Wir wissen noch nicht sehr lange, dass die frühe Kindheit entscheidend ist für den Lebensweg eines Menschen. Um 1950 veröffentlichte der Psychologe René A. Spitz eine Untersuchung, in der er seine Erkenntnisse darüber darlegte, wie entscheidend die ersten Monate im Leben eines Menschen für dessen Lebenslauf sein können.

Einzelarbeit

✗ Beobachten Sie ein Kind aus Ihrem Bekannten- oder Freundeskreis, das erst ein paar Tage oder Wochen alt ist. Notieren Sie sich, was das Kind macht und wie es sich verhält. Oder besorgen Sie sich einen Film, in dem Neugeborene gezeigt werden, z. B. „Geburt und erste Erfahrungen" aus der Reihe „Welt unserer Kinder"; von der Kreisbildstelle, vom Medienzentrum der Stadt usw.

✗ Beobachten Sie die Eltern. Was machen sie mit dem Kind? Wie gehen sie mit ihm um? Schreiben Sie sich den Tagesablauf eines Neugeborenen auf.

Diesem Psychologen war es aufgefallen, dass in vielen Kinderheimen um und nach 1900 die Kindersterblichkeit und die Anfälligkeit für Infektionen wesentlich höher war als in Familien.

Kinder, die im ersten Lebensjahr länger als acht Monate im Säuglings- oder Kinderheim lebten, zeigten schwere psychische Schädigungen. Die Schädigungen waren so ernst, dass man noch nicht einmal mit Hilfe von Tests feststellen konnte, wie ihr Entwicklungsstand war. Es fiel Spitz auch auf, dass die Probleme dieser Kinder so überwältigend waren, dass die psychischen Schäden offenbar nicht mehr durch Therapie gutzumachen waren. Bei Kindern, die später – im zweiten oder dritten Lebensjahr – ins Heim gekommen waren, schienen die erlittenen Schäden heilbar zu sein (nach R. A. Spitz, in G. Bittner und E. Harms, 1985.)

Spitz nannte die Schädigungen, die Kinder in Anstalten, Hospitälern oder Kinderheimen erlitten

Hospitalismus.

Definition:

„Das Wort Hospitalismus bezeichnet einen Entkräftungszustand des Körpers auf Grund eines langen Aufenthaltes im Krankenhaus" (Hospital) (…) Der Ausdruck wird (…) benützt, um die (…) nachteilige Wirkung des Aufenthaltes in Pflegeanstalten auf Säuglinge zu umschreiben, die sehr früh in solche Anstalten eingewiesen werden (R. A. Spitz).

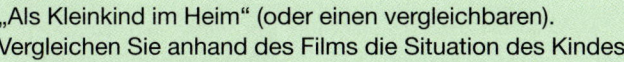

 Besorgen Sie sich den tschechischen Film (Kreisbildstelle; Medienzentrum):
„Als Kleinkind im Heim" (oder einen vergleichbaren).
Vergleichen Sie anhand des Films die Situation des Kindes
– in Heimen oder Anstalten
– in der Familie.

Spitz schloss aus seinen ersten Überlegungen:

Die unter Hospitalismus beschriebenen Schädigungen entstehen vorwiegend in der frühen Kindheit.

Die weiteren Untersuchungen von R. A. Spitz wären kaum möglich gewesen, hätte es zu dieser Zeit nicht schon die Entwicklungstests gegeben. Mit einem Entwicklungstest stellt man fest, wie weit ein Kind in seiner Entwicklung fortgeschritten ist.

Das Ergebnis aus einem Entwicklungstest ist der **EQ** (der **Entwicklungsquotient**). Ähnlich wie beim IQ werden beim EQ die Ergebnisse in Zahlen wiedergegeben:

Zum Beispiel:

EQ = 1.00   normale Entwicklung

EQ = 1.10   in der Entwicklung des Altersdurchschnitt ein wenig voraus

EQ = 1.30   der Entwicklung des Altersdurchschnitts weit voraus

EQ = 0.90   liegt etwas hinter dem Altersdurchschnitt zurück

EQ = 0.50   liegt sehr weit hinter dem Altersdurchschnitt zurück

Bisher hatte Spitz nur Forschungsberichte studiert. Nun wollte er selbst wissen, wie es mit der seelischen und körperlichen Verfassung von Kindern in Kinderheimen aussah. Er wählte aus unterschiedlichen Anstalten zwei aus:

ein Findelhaus
und
ein Säuglingsheim.

Den Begriff Findelhaus kennt man in unserer Sprache kaum noch. Auch das Findelhaus, wie es Spitz vorfand, gibt es in Mitteleuropa wahrscheinlich in dieser Form nicht mehr. Ein „Findelkind" ist ein Kind, das man irgendwo ohne Eltern auffand (von „finden"). Man brachte es in ein Haus für elternlose Kinder, in ein „Findelhaus".

Die Herkunft der Kinder, die Unterbringung, die Ernährung, die Kleidung und die ärztliche Versorgung waren in den beiden Heimen, die Spitz untersuchte, ähnlich. Die Unterschiede zwischen beiden Anstalten schildert Spitz wie folgt:

1. Spielzeug

Im Säuglingsheim ist es die Ausnahme, wenn ein Kind kein Spielzeug hat, die meisten haben mehrere. Im Findelhaus hatte ich zunächst den Eindruck, kein einziges Kind habe ein Spielzeug. […]

2. Gesichtskreis

Im Säuglingsheim vermittelt der Gang zwischen den Abteilen, obwohl er streng in Weiß gehalten ist und keinen besonderen Schmuck aufweist, einen freundlichen Eindruck von Wärme. Das komrnt vermutlich daher. dass man an beiden Seiten die Landschaft und den Himmel sieht und weil gewöhnlich eine geschäftige Betriebsamkeit herrscht. Mütter ihre Kinder hin- und hertragen, versorgen, füttern und mit ihnen spielen oder mit Kindern auf dem Arm miteinander schwatzen. Die Abteile der Kinder sind zwar von Glaswänden umgeben, aber diese gehen so weit herunter, dass jedes Kind jederzeit alles beobachten kann, was ringsumher vor sich geht. Sobald es sich auf die Ellbogen stützt, kann es in den Gang hineinschauen. Es kann zum Fenster hinaussehen, und wenn es nur den Kopf dreht, kann es die Kinder in den Nachbarabteilen sehen. […]

Im Findelhaus ist der Gang, nach dem hin die Abteile offen sind, obwohl er wenigstens auf einer Seite volles Licht hat, immer trostlos und verlassen, außer zur Zeit der Fütterung, wenn fünf bis acht Schwestern hereinkommen und die Kinder versorgen. […]

Außerdem herrscht in dem Findelhaus der besondere Brauch, dass über das Fußende und die Seitengitter der Bettchen Betttücher gehängt werden. Das Bett selbst ist etwa 45 cm hoch, die Seitengitter sind etxa 50 cm hoch und die Gitter am Fuß- und Kopfende etwa 70 cm. Wenn also Betttücher über die Gitter gehängt werden, ist das in dem Bettchen liegende Kind wirksam von der Welt abgeschirmt. […]

3. Spielraum der Lokomotion

Im Säuglingsheim wird der Spielraum der Lokomotion von dem innerhalb des Bettchens zur Verfügung stehenden Raum bestimmt, der bis zum Alter von etwa 10 Monaten einen ziemlich befriedigenden Bereich darstellt.

Theoretisch gilt für das Findelhaus dasselbe. Aber in der Praxis ist dies nicht der Fall, denn die Säuglinge liegen, wahrscheinlich weil ihnen so wenig Reize geboten werden, viele Monate lang in ihren Bettchen auf dem Rücken, sodass sich in ihren Matratzen eine Vertiefung bildet. Wenn sie das Alter erreichen, in dem sie sich aus der Rückenlage auf die Seite drehen können (etwa im siebten Monat), hemmt diese Vertiefung sie derart in ihrer Aktivität, dass sie sich tatsächlich nicht nach irgendeiner Seite drehen können. […]

4. Personal

Im Findelhaus stehen für insgesamt 45 Säuglinge eine Oberschwester und 5 Hilfsschwestern zur Verfügung. Diese Schwestern haben ganz und gar für diese Kinder zu sorgen. […]

Das Säuglingsheim wird von einer Oberschwester und ihren drei Helferinnen betrieben; ihre Pflichten bestehen nicht darin, selbst die Kinder zu versorgen, sondern hauptsächlich in der Unterweisung der Mütter in der Kinderpflege und in deren Beaufsichtigung. Die Kinder werden von ihren eigenen Müttern gefüttert, gepflegt und versorgt. […]

(R. A. Spitz, nach Bittner/ Herms, 1985)

Spitz unterzog die Kinder in beiden Häusern – wie schon angedeutet – einem Entwicklungstest.
Durchschnittlicher Entwicklungsquotient (EQ):

	In den ersten 4 Monaten des ersten Lebensjahres (EQ)	In den letzten 4 Monaten des ersten Lebensjahres (EQ)
Kinder aus dem Säuglingsheim	1.02	1.05
Kinder aus dem Findelhaus	1.24	0.72

Das Ergebnis dieser Untersuchung bedeutet:

····▶ Der Entwicklungsquotient der Kinder im Säuglingsheim bleibt (im Durchschnitt) auf normalem Niveau erhalten. Kinder, die ins Säuglingsheim gebracht werden, erleiden keine Schädigungen in ihrer Entwicklung.

····▶ Kinder, die während des ersten Lebensjahres in Anstalten gebracht werden, die dem Findelhaus ähnlich sind, erleiden Schädigungen, die erschreckend sind. Ihre Entwicklung nimmt einen solch enormen Schaden - man erkennt es am EQ; der sinkt nämlich innerhalb weniger Monate (im ersten Lebensjahr) von (einem guten Niveau) 1.24 auf 0.72.

Spitz wollte mehr wissen. Etwa zwei Jahre später untersuchte er die Kinder des Findelhauses von neuem. Er wollte wissen: Wie hatten sie sich weiter entwickelt? Er konzentrierte seine Beobachtungen auf:

····▶ die „körperliche Leistungsfähigkeit",

····▶ die geistigen Fähigkeiten und die Handhabung von Material,

····▶ die sozialen Fähigkeiten.

Zwei Jahre vorher, als wir die Station der Kinder bis zu 1½ Jahren und die Station der Kinder zwischen 1½ und 3 Jahren zum ersten Mal besucht hatten, waren dort insgesamt 91 Kinder. Im Verlauf des ersten Jahres starben 27 von ihnen aus verschiedenen Gründen. […]

Bis zum Ende des zweiten Jahres waren von der ursprünglichen Untersuchungspopulation weitere 7 gestorben: das bedeutet eine Sterblichkeit von insgesamt über 37% in einem Zeitraum von zwei Jahren. […]

Zur Zeit dieser Niederschrift (12. Juni 1946) befinden sich von den ursprünglich von uns dort untersuchten Kindern noch 21 in der Anstalt. Das jüngste von ihnen ist **zwei Jahre** alt, das älteste **vier Jahre** und einen Monat. Die Angaben über ihre Entwicklung lauten wie folgt:

1. Körperliche Entwicklung:
Unfähig zur Lokomotion überhaupt	5
Können allein sitzen (nicht laufen)	3
Laufen mit Unterstützung	8
Laufen allein	5
Insgesamt:	21

2. Handhabung von Material:
Können nicht allein mit dem Löffel essen	12
Essen allein mit dem Löffel	9
Insgesamt:	21

3. Anpassung an die Forderungen der Umwelt:
Überhaupt noch nicht sauber	6
Ein gewisser Grad von Sauberkeit vorhanden	15
Insgesamt:	21

4. Sprachentwicklung:
Können überhaupt nicht sprechen	6
Wortschatz: 2 Wörter	5
Wortschatz: 3-5 Wörter	8
Wortschatz: ein Dutzend Wörter	1
Sätze	1
Insgesamt:	21

(R. A. Spitz; nach Bittner/Herms, 1985)

Partnerarbeit

✗ Fragen Sie Eltern, die Kinder im Alter zwischen 2 und 4 Jahren haben, was ihre Kinder bereits können. Vergleichen Sie die Daten mit denen der Kinder aus dem Findelhaus. Vergleichen Sie Ihre Ergebnisse auch mit den Angaben in Kapitel 3 dieses Buches.

Kommen Sie zu einem abschließenden Ergebnis.

„Meine Mama, die hat mich ausgesucht!"

„Unsere Tochter wusste mit vier Jahren, dass sie adoptiert worden war. Im Kindergarten spielte sie mit ihrer Freundin Familie."

„Aber deine Mama ist ja gar nicht deine richtige Mama. Du bist ja bloß adiert!"

„Meine Mama, die hat mich ausgesucht – aber deine Mama, die musste dich einfach nehmen." (Gabriele Klink, 4 Jahre)

(aus: Kühne, N, Zürich 1997)

Spitz schließt aus seinen Untersuchungen über den Hospitalismus, dass es zwei wesentliche Ursachen für diese Erkrankungen gibt:

1. „Mangel an Reizen: Am schlechtesten schnitten die am besten ausgestatteten und hygienisch einwandfreiesten Anstalten ab, denen es zwar gelang, die Umgebung des Kindes keimfrei zu machen, die aber zugleich die Psyche des Kindes der Sterilität aussetzten. Selbst die ärmlichste Heimstatt bietet mehr geistige Anregung als die übliche Krankenstation."

(R. A. Spitz; nach Bittner/Herms, 1985)

2. „Der zweite Faktor ist die Anwesenheit oder Abwesenheit der Mutter des Kindes. Die Anregung durch die Mutter ist immer stärker als durch noch so gut ausgebildetes Personal. Die Anstalten, in denen die Mütter anwesend waren, erreichten bessere Ergebnisse als diejenigen, in denen nur voll ausgebildete Krankenschwestern verwendet wurden. Die Anwesenheit der Mütter konnte sogar zahlreiche andere Mängel ausgleichen."

Heute kann man aus den Erkenntnissen von R. A. Spitz weiterhin schließen:

- ⋯▶ Je früher psychische Schädigungen im Leben eines Menschen entstehen, desto geringer ist die Aussicht auf eine vollständige Heilung.

- ⋯▶ Therapie kann Verbesserungen herbeiführen, auch wenn es im einen oder anderen Fall sehr schwer sein mag.

- ⋯▶ Je früher die Therapie einsetzt, desto günstiger sind die Aussichten für eine Heilung.

Heute geht man auch davon aus, dass es nicht die Mutter sein muss, die ein Kind betreut. Auch andere Erwachsene können die Aufgabe übernehmen, wenn sie sich nur sorgfältig und regelmäßig um das Kind kümmern. Jede Person, die bestimmte Kenntnisse hat und motiviert ist, kann ein Kind effektiv in seiner Entwicklung unterstützen und fördern.

Zusammenfassung

- ■ Entwicklung findet nicht automatisch im Leben eines Menschen statt. Entwicklung muss von Eltern (Erziehern, Bezugspersonen) sorgfältig geplant und unterstützt werden.

- ■ Die Entwicklung eines Kindes zum Erwachsenen hängt davon ab, wie sie von Eltern (Erziehern, Bezugspersonen) begünstigt oder vernachlässigt wird.

- ■ Es gibt einen günstigen Entwicklungsverlauf, der das Kind zu einem psychisch gesunden Wesen werden lässt. Bei ungünstigen Voraussetzungen aber kann das Kind auch geschädigt werden; in diesem Fall kann es psychisch krank werden.

- ■ In der frühen Kindheit müssen dem Kind Zuwendung und eine anregende Umgebung geboten werden. Unterbleibt das in dieser wichtigen Zeit, so kann das Kind in seiner Entwicklung behindert werden.

2.2 Kinder lernen von Erwachsenen („wilde Kinder")

In den vergangenen Jahrhunderten wurde oft über „wilde Kinder" berichtet. Dabei handelt es sich um Kinder, die man aufgefunden hat. Sie hatten keine Eltern.

Solche Berichte sind keine Besonderheit vergangener Zeiten. Auch heute gibt es in vielen Ländern Kinder, die ohne Eltern aufwachsen. In den USA und in Südamerika leben Tausende von Kindern auf der Straße. Ein Zuhause haben sie nicht. Sie müssen sich selbst um Essen und Kleidung kümmern. Niemand beschützt und fördert sie. In einigen Fällen fühlen sich wohltätige Organisationen für diese Kinder verantwortlich.

Auch zur Zeit der russischen Revolution (1918) gab es in Russland Kinderbanden, die durch das Land zogen. Später, während der Besetzung Polens durch die Deutschen, gab es im Ghetto von Warschau ebenfalls viele verwaiste oder verwahrloste Kinder.

Einer der wichtigen Berichte über „wilde Kinder" aus dem letzten Jahrhundert ist der über den „Wilden von Aveyron". Aveyron liegt in Frankreich. Der Bericht ist sehr sorgfältig geschrieben und – nach damaligen Erkenntnissen – wissenschaftlich exakt verfasst. Im Wesentlichen wurde er von dem Arzt J. Itard geschrieben.

Im 18. Jahrhundert wurde in Frankreich ein Kind von ca. 12 Jahren im Wald völlig nackt gesehen und kurz darauf gefasst. Man hielt den Jungen, der auch der „Wilde von Aveyron" genannt wurde, fest. Damals erregte der Junge viel Aufsehen. Itard erwähnt in seinem Bericht, dass es bedeutende Persönlichkeiten gegeben habe, die den „Wilden" für unheilbar krank hielten. Itard teilte diese Meinung nicht und hegte die Hoffnung, der „wilde Junge" könne geheilt werden. Heute würde man sagen: Itard glaubte, dass der Junge nur verwahrlost sei. Pinel, ein Franzose, hatte den „Wilden" kurze Zeit in Obhut und untersuchte seine Sinnesfunktionen. Itard berichtet Folgendes darüber:

Der Bürger Pinel, der zunächst die Sinnesfunktionen des jungen Wilden untersuchte, zeigte uns ein Kind, dessen Sinnesorgane sich in einem solchen Zustand der Stumpfheit befanden, dass der Unglückliche in dieser Hinsicht manchen unserer Haustiere weit unterlegen war; dessen flackernde, ausdruckslose Augen träge von einem Gegenstand zum anderen glitten, ohne sich je an einen von ihnen zu heften, und zudem so wenig geübt waren, dass sie einen plastischen Körper nicht von einem gemalten zu unterscheiden vermochten; dessen Gehörorgan auf die stärksten Geräusche ebensowenig reagierte wie auf die zarteste Musik; dessen Stimme von einem Zustand völliger Stummheit zeugte oder nur einen kehligen und eintönigen Laut von sich gab [...]. Dann ging der Berichterstatter zu den geistigen Funktionen dieses Knaben über: er war unfähig zur Aufmerksamkeit, [...] folglich auch unfähig zu irgendwelcher geistigen Tätigkeit [...]; mit einem Wort, seine ganze Existenz bestand in einem rein animalischen Leben.

(Jean Itard, Frankfurt 1976)

Itard bemühte sich über lange Zeit, den Jungen zu erziehen bzw. zu fördern. Seine vielfältigen Bemühungen beschreibt er sehr ausführlich und offen. Wir können nur einen kleinen Ausschnitt der pädagogischen Arbeit des Arztes Itard zitieren:

Nicht ohne Mühe und nur sehr langsam gelang es mir, ihm einen genauen Begriff der Vokale zu vermitteln. Der erste, den er unterscheiden konnte, war das *O*, dann das *A*. Die drei anderen Vokale boten größere Schwierigkeiten und wurden lange Zeit miteinander verwechselt; doch schließlich begann das Ohr, auch sie deutlich zu unterscheiden, und erneut tauchten in aller Heftigkeit jene Freudenausbrüche auf, von denen ich schon gesprochen habe und die unsere neuen Übungen zeitweise unterbrochen hatte. Doch da diese von Seiten des Schülers eine weit angestrengtere Aufmerksamkeit, schwierigere Vergleiche und wiederholte Urteile verlangten, kam es, dass diese Anfälle von Freude, die unsere Unterrichtsstunden bisher belebt hatten, sie zum Schluss störten. In solchen Augenblicken verwechselte Victor alle Laute. [...]

All seine Bemühungen führten Itard nicht zu dem Erfolg, den er sich wünschte. Die Entwicklung des Kindes, die versäumt worden war, als das Kind allein durch die Wälder streifte, schien nicht mehr aufholbar. Es gab Augenblicke, in denen Itard sogar am Sinn seiner ganzen Unternehmung zweifelte. Der „Wilde von Aveyron" war nur bis zu einem bestimmten Grad der Anpassung an die Gesellschaft und Kultur Frankreichs zu jener Zeit fähig. Seine Emotionen und Fähigkeiten schienen nur bis zu einem bestimmten Punkt förderbar; das Niveau eines damals Gleichaltrigen erreichte der „wilde Junge" allerdings nicht mehr. Sehr anschaulich werden diese Bemühungen in dem Spielfilm „Der Wolfsjunge" von F. Truffaut dargestellt. (N. Kühne, 1997, S.15).

Die Berichte von Itard lassen folgende Schlüsse zu:

····▶ Damit sich ein Mensch zum normalen Mitglied der menschlichen Gesellschaft entwickeln kann, muss er in frühester Kindheit von Erwachsenen Anregungen erhalten haben. Seine Lernfähigkeit scheint sich nur dann zu entwickeln, wenn er in früher Kindheit von Erwachsenen versorgt wurde.

····▶ Schädigungen aus verpassten Lernmöglichkeiten können nur schwer oder überhaupt nicht ausgeglichen werden.

····▶ Die Situation des Kleinkindes erfordert die Pflege durch einen Erwachsenen. Kinder in diesem Alter können sich nicht allein am Leben erhalten.

····▶ Mit der Hilfe des erwachsenen Menschen kann sich ein Kind in verschiedene Umwelten (Umgebungen) einfügen – es kann mit dieser Hilfe lernen, sein Leben in seiner Umwelt in die Hand zu nehmen und es selbst zu gestalten. Aber es braucht den Erwachsenen.

Partnerarbeit

✗ Untersuchen Sie das Szenario dieses Kapitels (2.1). Überlegen Sie, welche Schädigungen Karsten aus seinem Aufenthalt im Kinderheim erworben haben könnte.

✗ Überlegen Sie auch, wie man diese Schädigungen beheben könnte.

✗ Ist Karsten mit den von R. Spitz beobachteten Kindern oder den „wilden Kindern" von Itard zu vergleichen?

Plenum

✗ Besorgen Sie sich den Film „Der Wolfsjunge" (von F. Truffaut) und diskutieren Sie gemeinsam darüber.

3   Die Entwicklung des Kindes

Szenario

Sonja macht ein Praktikum in der Kita Blumenheide. In ihrer Gruppe werden Kinder im Alter von 4 Monaten bis zu 6 Jahren betreut.

Im „Schlafraum" der Gruppe liegt Hendrik in seinem Bettchen. Er ist gerade 5 Monate alt. Hendrik schläft nicht. Er liegt auf dem Rücken und starrt den roten Holzring mit baumelnden bunten Anhängern an, der über seinem Bettchen von der Decke herabhängt. Ab und zu versucht er, ihn zu greifen. Dabei reckt er auch seine Beine in die Luft, als wollte er das Mobile, das sich etwas bewegt, auch mit den Füßen berühren. Wenn die Hölzer aneinanderschlagen, lacht Hendrik und streckt sich wieder nach dem Ring aus.

Im Gruppenraum stehen Steffen (3 Jahre, 5 Monate), Sandra (4 Jahre, 9 Monate) und Moni (5 Jahre, 7 Monate) am Maltisch. Sie malen mit roter, gelber und blauer Wasserfarben auf einen großen Packpapierbogen. Dazu benutzen sie Borstenpinsel. Die Kinder sind ganz konzentriert bei der Sache. Steffen malt einen dicken blauen Klecks aufs Papier. Sandra malt mit gelb einen großen Kreis daneben. Dabei steckt sie ihre Zunge ein wenig aus dem Mund. „Das ist die Sonne", ruft sie.
Plötzlich kippt der Wasserbecher um. Das Wasser läuft über die Malerei. Die Kinder blicken erschrocken auf. Sonja sagt: „Das macht nichts. So etwas kann schon mal passieren." Sie fordert die Kinder auf, das Wasser auf dem Blatt mit den Pinseln zu vermalen. Jetzt laufen die Farben ineinander.
Moni ruft: „Die Sonne wird ja grün!" Sonja sagt zu den Kindern: „Jetzt habt ihr eine neue Farbe gefunden. Ihr seid richtige Entdecker."

Auf den Matratzen in der Fensternische liegen Jens (2 Jahre, 10 Monate) und Anja (4 Jahre, 6 Monate) auf dem Bauch und schauen zusammen das Bilderbuch „Swimmy" an. „Da is der Wimmy", sagt Jens und zeigt mit dem Finger auf den kleinen schwarzen Fisch, der auf dem Bild zu sehen ist. „Jetzt schwimmt Swimmy in das weite Meer hinaus," bestätigt Anja und blättert um.

Am Frühstückstisch sitzen Anne (3 Jahre, 11 Monate) und Uta (5 Jahre, 2 Monate). Anne und Uta sind Geschwister. Uta packt das Frühstücksbrot aus. Die Mutter hat zwei Scheiben Vollkornbrot mit Butter bestrichen, mit Käse belegt und zusammengeklappt. Eine Scheibe hat sie noch einmal so durchgeschnitten, dass zwei kleine Dreiecke entstanden sind. Uta legt Anne das große Brot auf ihren Teller und behält die zwei Stücke. Da weint Anne und sagt: „Ich will auch zwei Brote haben!" Inge, die Erzieherin, die die Szene beobachtet hat, kommt zum Tisch und schneidet Annes Brot in zwei Teile. Da lacht Anne wieder und beginnt zu essen.

Wahrscheinlich haben Sie sich Fragen gestellt, die die Entwicklung

····▶ der Bewegung und Geschicklichkeit (motorische Fähigkeiten),

····▶ des Sprechens und Denkens (sprachlich-kognitive Fähigkeiten),

····▶ des Malens und Spielens von Kindern betreffen.

Damit haben Sie wichtige Bereiche der Entwicklung von Kindern erkannt, die wir in den folgenden Abschnitten näher behandeln wollen. Neben der Darstellung des Entwicklungsverlaufs wird es dabei auch um verschiedene Faktoren gehen, die die Entwicklung von Kindern beeinflussen.

> **Plenum**
> X Diskutieren Sie, welche Berufe sich mit Entwicklungsfragen des Kindes beschäftigen. Machen Sie eine Übersicht.

3.1 Die motorische Entwicklung

3.1.1 Beispiele

▲ *„Ich konnte schon mit 10 Monaten allein laufen!"*

▲ *„Ich konnte schon mit 4 Jahren ohne Stützräder Fahrrad fahren!"*

▲ *„Meine Mutter sagt, dass ich zuerst immer rückwärst gekrabbelt bin."*

▲ *„Kira klettert mit 2 Jahren an einer Sprossenwand hinauf und rutscht über eine Bank herunter!"*

▲ *„Meine Tochter hatte als Kind immer Angst auf einer Mauer zu laufen!"*

▲ *„Mit 3;6 Jahren ist mein Sohn zum ersten Mal in unseren Birnbaum geklettert!"*

▲ *„Als mein Kind ein Jahr alt war, zog es sich an sämtlichen Tischen, Stühlen und Regalen hoch."*

3.1.2   Der Verlauf der motorischen Entwicklung

Über die Entwicklung von Aufrichtung und Fortbewegung informiert folgende Darstellung anschaulich:

0 Monate	1 Monat	2 Monate	3 Monate
Fötale Haltung	Kinn hoch	Brust hoch	Hinlangen und verfehlen
4 Monate	**5 Monat**	**6 Monate**	**7 Monate**
Aufsitzen mit Unterstützung	Auf dem Schoß sitzen Objekte greifen	Im Stühlchen sitzen, nach bewegten Objekten greifen	Frei aufsitzen
8 Monate	**9 Monat**	**10 Monate**	**11 Monate**
Mit Hilfe stehen	Stehen und Abstützen	Kriechen	An der Hand laufen
12 Monate	**13 Monat**	**14 Monate**	**15 Monate**
Sich am Tisch hochziehen	Treppe herauf klettern	Frei stehen	Frei laufen

Die Entwicklung von Aufrichtung und Fortbewegung. (Nach M. M. Shirley)

Gruppenarbeit

✗ Vergleichen Sie die Verlaufsdarstellung und die Alterszuordnung mit Daten Ihrer eigenen Entwicklung bzw. mit Entwicklungsverläufen Ihrer Praktikumskinder.

✗ Stellen Sie Gemeinsamkeiten und Unterschiede heraus.

In den nächsten Jahren vervollkommnet das Kind seine Bewegungsweisen und Fortbewegungsfähigkeit.

Bewegung und Fortbewegung vom 18.-36. Monat (nach Kleber, 1978)

Die Bewegungsweisen der vier- bis fünfjährigen Kinder (nach Kleber, 1978)

Partnerarbeit

✗ Ermitteln Sie die jeweils neuen Fähigkeiten des Kindes, die in den Bildern dargestellt sind.

✗ Folgern Sie, welche Impulse sich für Sie hieraus im Hinblick auf Ihre pädagogische Praxis ergeben.

In den ersten vier Lebensjahren nimmt die Entwicklung des Handgeschicks und der Körperkontrolle folgenden typischen Verlauf:

Handgeschick		Körperkontrolle
1. Schließt Hand um Objekt 2. Armbeuge- und Streckbewegung 3. Zupft an seiner Kleidung 4. Spielt mit den Händchen 5. Langt in Richtung Objekt 6. Steckt Dinge in den Mund	6 Monate	1. Kopfheben in Bauchlage / Fußstöße gegen Druck 2. Kopfkontrolle auf Arm / Gleichseitiges Strampeln 3. Uterarmstütz in Bauchlage / Aktiv beim Baden 4. Im Sitz Rücken gerade / Schwimmbewegungen in Bauchlage 5. Handstütz in Bauchlage / Rollt auf Rücken 6. Hebt Kopf in Rückenlage / Zieht sich zum Sitz
7. Greift und lässt los 8. Nimmt 2 Dinge vom Tisch 9. Gibt Ding von Hand zu Hand 10. Befühlt, untersucht Dinge 11. Schüttelt Gegenstand 12. Daumen-Zeigefinger-Griff	12 Monate	7. Beine tragen Körper / Tänzelt auf Schoß 8. Vierfüßlerstand / Rollt in Bauchlage 9. Sitzt länger allein / Robbt auf Bauch 10. Steht an Möbeln / Zieht sich zum Stand 11. Sitzt gut im Stuhl / Setzt sich allein auf 12. Kniet aufrecht / Krabbelt allein
13. Schlägt Dinge aneinander 14. Räumt Dinge aus und ein 15. Zeigt mit Zeigefinger 16. Wirft Dinge weg 17. Trinkt allein aus Tasse 18. Packt Eingewickeltes aus	18 Monate	13. Geht mit Halt an Möbeln 14. Schiebt Kinderwagen 15. Steht allein, geht allein 16. Hebt im Bücken Dinge auf 17. Steht ohne Hilfe auf 18. Treppenkrabbeln auf Bauch
19. Steckt Scheiben auf Stab 20. Baut Turm aus 2 Würfeln 21. Öffnet Reißverschluss 22. Tut Rosine in Flasche 23. Kritzelt auf Papier 24. Zieht Kleidung aus	24 Monate	19. Hebt gehockt Dinge auf 20. Rennt 5 m ohne Hinfallen 21. Geht rückwärts 22. Treppauf mit Geländer 23. Ersteigt Stuhl, fasst Lehne 24. Fußballstoß ohne Umfallen
25. Blättert Buchseiten um 26. Steckt Stock ins Rohr 27. Kippt Perle aus Flasche 28. Wirft Ball überkopf zu 29. Isst allein mit Löffel 30. Baut Turm aus 4 Würfeln	30 Monate	25. Spielt in Kauerstellung 26. Frei treppauf, nachgesetzt 27. Treppab mit Geländer 28. Ersteigt 3 Leitersprossen 29. Geht balancesicher 30. Beidbeinsprung am Boden
31. Steckt Kette ins Rohr 32. Reiht Perlen auf Draht 33. Holt Bonbon mit Rechen 34. Faltet Papier 35. Gießt von Becher zu Becher 36. Malt Rundformen	36 Monate	31. Geht 3 m auf Zehenballen 32. Frei treppab, nachgesetzt 33. Fußschlussstand, Augen zu 34. Rennt 15 m ohne Hinfallen 35. Anlaufsprung über Strich 36. Beidbeinsprung von Treppe
37. Zieht Kleidung an 38. Öffnet Zündholzschachtel 39. Wickelt Bonbon aus 40. Baut Turm aus 8 Würfeln 41. Zeichnet Kreis ab 42. Hält Stift mit Fingern	42 Monate	37. Fährt Dreirad, Gocart 38. Kickt Ballon aus der Luft 39. Trägt Wasserglas 3 m weit 40. Geht 3-m-Streifen entlang 41. Springt 20 cm weit, 5 m hoch 42. Frei treppauf, Fußwechsel
43. Wäscht und trocknet Hände 44. Schraubt, dreht Schlüssel 45. Knetet Kugel und Schlange 46. Linie zwischen 2 Punkten 47. Knöpft auf und zu 48. Schneidet mit Schere	48 Monate	43. Geht mit Armschwung 44. Je Bein 2 Sek. balancieren 45. 1 Hüpfer auf einem Bein 46. 5 fortlaufende Schlusssprünge 47. Schlusssprung von Couch 48. Frei treppab, Fußwechsel

(nach J. E. Kiphard, 1975/76, S. 82 f. und Anhang)

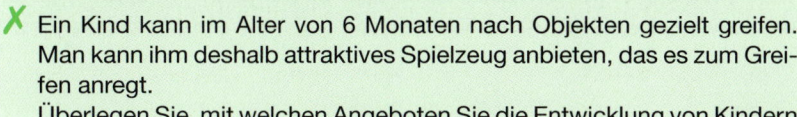

Partnerarbeit

✗ Ein Neugeborenes kann den Kopf noch nicht selbstständig halten. Beim Tragen auf dem Arm muss der Erwachsene den Kopf stützen.
Erarbeiten Sie weitere mögliche Sicherheitsmaßnahmen für die verschiedenen Entwicklungsabschnitte.

✗ Ein Kind kann im Alter von 6 Monaten nach Objekten gezielt greifen. Man kann ihm deshalb attraktives Spielzeug anbieten, das es zum Greifen anregt.
Überlegen Sie, mit welchen Angeboten Sie die Entwicklung von Kindern in den verschiedenen Entwicklungsabschnitten unterstützen können.

Die Geschwindigkeit der körperlichen Entwicklung ist individuell unterschiedlich. Genaue Zeitangaben lassen sich nicht machen. Je nach Übungsmöglichkeit, Körperbau und Gesundheitszustand wird ein Kind die verschiedenen Phasen der motorischen Entwicklung in unterschiedlichen Altersstufen erreichen.

Jedoch kann man die Abfolge der Entwicklungsabschnitte vorhersagen. So kann z. B. ein Kind zuerst den Kopf halten und bewegen, später den Rumpf aufrichten, sich vom Rücken auf den Bauch und zurück drehen, wieder später Bein-, Fuß-, Arm- und Fingerbewegungen kontrollieren. Etwa um den 6. Lebensmonat kann das Kind Gegenstände gezielt greifen. Hat das Kind bis dahin seine Umgebung weitgehend über das Sehen und Hören wahrgenommen, kann es sie nun aktiver und genauer erkunden. Über das Erfühlen und Ertasten begreift das Kind die unterschiedlichen Eigenschaften der Gegenstände. Das ist eine wichtige Voraussetzung für seine weitere kognitive Entwicklung.

Etwa um das 1. Lebensjahr beginnen Kinder zu stehen und das Laufen zu lernen. In der Regel geht dem Laufenlernen eine längere Krabbelphase voraus. Es gibt aber auch Kinder, die diese Phase überspringen.
Viele Kinderärzte weisen darauf hin, dass das Krabbeln für die gesunde Körperentwicklung und die kognitive Entwicklung unverzichtbar sei. Hüftknochen und Becken sind bei Kindern unter einem Jahr noch nicht vollständig ausgebildet. Durch frühzeitiges Stehen und Gehen würden diese Knochen zu sehr belastet und könnten spätere Hüftschäden zur Folge haben.

3.1.3 Die Bedeutung der körperlichen Konstitution und der Bewegungsfähigkeit

Selbstaussagen

„Also, ein Feger war ich nie. Eher ein pummeliges Kind. Die anderen Kinder habe ich beneidet, wenn sie in der Turnhalle an den Ringen turnten oder am Seil bis zum Dach der Turnhalle hochkletterten. Das konnte ich nicht. Und ich hatte auch Angst. Damals fand ich mich hässlich und kein bisschen liebenswert."

„Als ich fünf Jahre alt war, habe ich bei der Kinderolympiade im Kindergarten vier Medaillen gewonnen. Beim Weitsprung habe ich den ersten Platz gemacht. Auch den größeren Kindern konnte ich davonlaufen."

„In meiner Klasse war ich immer der Kleinste. Meine Mitschüler haben mich deshalb ausgelacht und 'Kleiner' oder 'Männlein' hinter mir hergerufen. Das hat mich geärgert. Erst als ich 16 wurde, habe ich aufgeholt."

„Im Kindergarten wurde ich immer 'Bohnenstange' gerufen, weil ich so groß und dünn war. Wegen meiner Länge hielten mich viele für älter als ich tatsächlich war. Manchmal war ich darauf stolz, aber es war auch hinderlich, weil die Erwachsenen einiges von mir erwarteten, das ich noch nicht leisten konnte."

Plenum

✗ Vergleichen Sie Ihre Erfahrungen mit den oben angeführten Aussagen! Tauschen Sie mit Ihren Mitschülern Erfahrungen aus.

✗ Arbeiten Sie heraus, welchen Einfluss die körperliche Geschicklichkeit und das Aussehen auf die Selbsteinschätzung eines Kindes haben können.

Ob ein Kind dick oder dünn, klein geraten oder hoch aufgeschossen ist, beeinflusst es während der Kinderzeit, aber auch im späteren Leben.

„Dicke" Kinder sind häufig auch weniger bewegungsfähig und können bei sportlichen Wettspielen mit den anderen Kindern nicht so gut mithalten. Wenn sie deshalb von anderen Kindern gehänselt werden, ziehen sie sich von ihnen zurück. So kann es vorkommen, daß sie sich weniger zutrauen als andere Kinder, mutlos werden und insgesamt ein weniger positives Selbstbild entwickeln. Ermutigungen und positive Bekräftigungen von Seiten der Erwachsenen können dagegen dazu führen, dass auch weniger geschickte Kinder wieder Freude an der Bewegung finden und sich selbst mehr zutrauen.

Ein Kind, das sich viel frei bewegen kann, körperlich geschickt ist und Erfolg im sportlichen Wettstreit mit Altersgenossen hat, wird sich selbst positiver einschätzen als ein tollpatschiges oder ungeschicktes Kind. Es kann Zutrauen in seine Fähigkeiten und Sicherheit gewinnen und wird weniger ängstlich sein.

Beispiel: Lotta

„Mit mir ist es komisch", sagte Lotta „Ich *kann* so viel!"
Sie hatte gerade Jonas und Mia-Maria vorgemacht, wie gut sie pfeifen konnte, kein Wunder also, dass sie mit sich zufrieden war!
„Wenn ich so drüber nachdenke, kann ich eigentlich *alles*", sagte sie.
„Haha, du kannst also alles", sagte Mia-Maria. „Gib doch bloß nicht so an!"
Jonas überlegte ein Weilchen.
„Slalom laufen, kannst du das?"
Das sagte er nur, weil er es selbst gerade lernte. Lotta wurde böse.
„Hab ich das denn gesagt? Dass ich Slalom kann?"
„Du hast doch gesagt, du kannst *alles*."
„Kann ich ja auch", sagte Lotta. „Alles außer Slalom."
„Na klar doch", sagte Jonas, und dann nahmen er und Mia-Maria ihre Skier und gingen zu dem großen Skihügel, denn sie hatten gerade Ferien bekommen, und es gab viel Schnee.
Lotta wollte auch Ski laufen. Aber nicht auf dem großen Skihügel.

(A. Lindgren, Hamburg 1977)

3.1.4   Entwicklungsbegriff und -bedingungen

Wenn Erwachsene davon sprechen, dass sich ein Kind entwickelt habe, wollen sie damit unterschiedliche Sachverhalte ausdrücken:
– die Oma meint, dass ihr Enkel gewachsen ist und an Körpergewicht zugenommen hat,
– der Vater meint, dass sein glatzköpfiger Sohn endlich Haare bekommen hat, so dass man seine Haarfarbe erkennen kann,
– die Kinderpflegerin in der Kita meint, dass das 3-jährige Kind sich nun selbstständig anziehen kann,
– die Erzieherin meint, dass sie auf dem gemalten Bild des 4-jährigen Kindes nun schon deutlich einzelne Dinge erkennen kann.

Man spricht in diesem Zusammenhang auch davon
– dass sich die „Anlagen" des Kindes „entfalten",
– dass seine Fähigkeiten allmählich deutlich werden und zur Geltung kommen,
– dass das Kind „etwas Neues" kann bzw. gelernt hat.

Diesen Bedeutungen ist gemeinsam, daß es sich bei dem Begriff Entwicklung um ein **allmähliches Werden**, um ein **Fortschreiten** von einem Zustand zum anderen geht. Dabei ist gemeint, dass der neue Zustand qualitativ höher ist als der vorhergehende.

Was aber treibt die Entwicklung an?

Partnerarbeit

✗ Ordnen Sie folgende Eigenschaften und Persönlichkeitsmerkmale von jungen Menschen nach dem „Verursacherprinzip": ererbt, erlernt, selbst verschuldet!

- Ute kommt morgens nie aus dem Bett.
- Tim hat Schwierigkeiten im Fach Mathematik.
- Silke knurrt regelmäßig um 13 Uhr der Magen.
- Jens ist 175 cm groß und wiegt 65 kg.
- Nils ist eifersüchtig auf seine Geschwister.
- Anne ekelt sich vor Spinnen.

✗ Vergleichen Sie Ihre Lösung mit den Entscheidungen Ihrer Mitschüler.

Haut- und Haarfarbe, Körpergröße und -form, Nasen- und Ohrenform eines Menschen werden eindeutig durch seine **Erbanlagen** bestimmt. Die gesamte körperliche Entwicklung eines Menschen vollzieht sich nach einer inneren Gesetzmäßigkeit. Der Begriff Entwicklung entspricht hier einem Reifungsgeschehen.

Partnerarbeit

✗ Ermitteln Sie aus der nachfolgenden Grafik die Auswirkung des mütterlichen Zigarettenkonsums auf das ungeborene Kind!

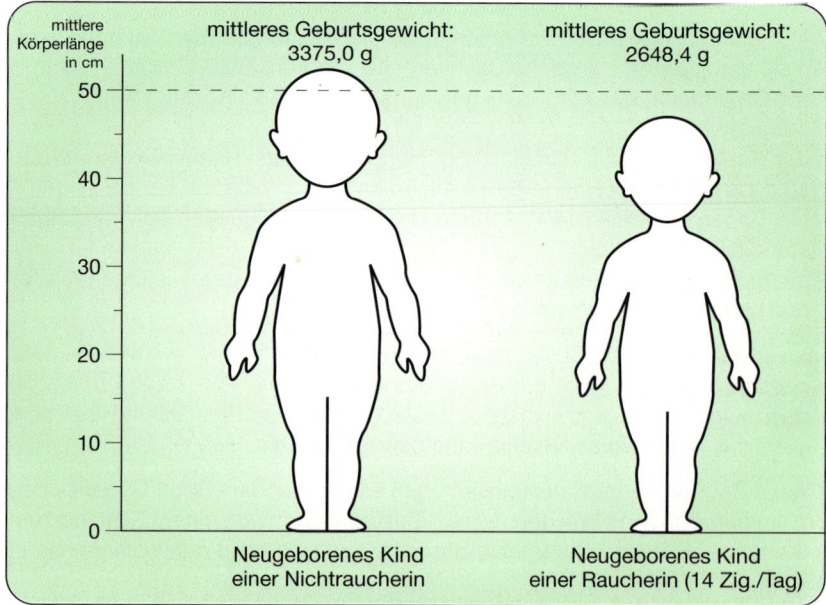

(H. Fischer, 1984)

So, wie die Entwicklung des ungeborenen Kindes bereits durch das Verhalten des Mutter beeinflusst wird, können später auch Ernährungsfehler oder Krankheiten seine Entwicklung bestimmen. Vitamin D- und Lichtmangel sind z. B. die Ursache dafür, dass Kinder an Rachitis erkranken.

Bestimmte Persönlichkeitsmerkmale von Menschen werden nicht durch Erbanlagen bestimmt, sondern haben ihre Ursache in der **Umwelt,** in äußeren Einwirkungen auf das Kind, in den Entwicklungsbedingungen. Sie werden im Laufe der Entwicklung erlernt. Zu ihnen gehören z. B. die Sprache, das Essen zu bestimmten Mahlzeiten, die Gewohnheit morgens lange zu schlafen.

Das Verhältnis von Anlage und Umwelt im Hinblick auf die Entwicklung des Kindes soll am Beispiel von Alex verdeutlicht werden:

Alex lebt in einer Stadt in Neuseeland. Sie ist zwölf Jahre alt und ein aufgeweckter, fröhlicher Teenager mit lustigen Sommersprossen im Gesicht. Wie viele ihrer Klassenkameradinnen, die auf dem Pausenhof der kleinen Schule in dem neuseeländischen Ort herumtoben, möchte sie tanzen können. Discodancing ist ihr Hobby. Seit einiger Zeit besucht sie mit ihrer Freundin eine Tanzschule am Ort. Gestützt auf eine ihrer Krücken, bewegt sie sich dort in den Tanzstunden ausgelassen zu der fetzigen Musik.
Alex ist nämlich behindert, spastisch gelähmt.
Als sie zweieinhalb Jahre alt war, konnte sie noch nicht laufen, wie andere Kinder, sondern nur auf dem Boden robben und ihre Beine hinter sich herziehen. Die Ärzte machten den Eltern keine Hoffnung: Alex würde wegen ihrer schweren Behinderung nie laufen können, sagten sie. Ein Rollstuhl wurde Alex' Fortbewegungsmittel.
An ihn aber mochte Alex sich nicht gewöhnen. Wie die anderen Kinder wollte sie herumtoben können und ihr größter Wunsch war: Sie wollte tanzten können. Sie bat ihre Eltern eine Bewegungstherapeutin zu suchen, die mit ihr das Laufen üben würde. Die Eltern hatten Glück: In der Nachbarstadt fanden sie eine Therapeutin, die fest an Alex glaubte und ihr Mut machte, sie könne das Laufen mit viel Übung erlernen. In der ersten Stunde bewegte sie Alex dazu, die Krücken wegzulegen und sich auf ihre Beine zu stellen. Bereits in der zweiten Stunde konnte das Mädchen einige Schritte gehen. Täglich übte Alex von nun an, auf ihren ungeübten Beinen zu stehen, die Balance zu halten, einige Schritte ohne Krücken zu gehen. Sie lernte, auf einem schwankenden Brett die Balance zu halten, eine Sprossenleiter hinaufzuklettern, über eine schiefe Ebene und eine Treppe zu gehen. Alles bereitete ihr große Mühe und auch heftige Schmerzen. Aber angespornt durch ihre Therapeutin und von ihrem starken Willen machte sie Fortschritt um Fortschritt.
Seit einiger Zeit besucht sie nun auch den Tanzkurs in ihrem Ort.
(nach einem Filmbericht des ZDF; Mai 1993)

Dieses Beispiel macht deutlich: Die Umwelt hat großen Einfluss auf die Entwicklung des Kindes. Sicherlich hätte Alex' Geschichte einen anderen Verlauf genommen, wenn …

– ihre Eltern kein Verständnis für ihren Wunsch, laufen zu können, gehabt hätten,
– sie sehr ängstlich ihre kranke Tochter verwahrt und jede Anstrengung von ihr ferngehalten hätten,
– keine Therapeutin in der Nähe gewesen wäre,
– die Therapeutin den Fall als hoffnungslos eingeschätzt hätte.

Darüber hinaus macht das Beispiel aber noch auf eine andere Entwicklungsbedingung aufmerksam, die in der Person selbst begründet liegt. Wenn Alex ein ängstliches, willensschwaches Kind gewesen wäre, das sich lieber von der Mutter verwöhnen lässt, als sich anzustrengen und Schmerzen auf sich zu nehmen, dann hätten die Anstengungen der Umwelt (Eltern und Therapeutin) sicher nicht den gleichen Erfolg gehabt. Wahrscheinlich säße Alex dann trotz der Lernangebote immer noch im Rollstuhl.
Die Behinderung von Alex hätte aber auch schwerer sein können, dann hätten ihre Anstrengungen therapeutisch intensiver unterstützt werden müssen. Wäre sie psychisch labil gewesen, hätte sie eine andere Unterstützung durch Therapeuten oder Freunde gebraucht. Der Wille gesund zu werden ist von großer Bedeutung; allein aber reicht er nicht aus.

3.1.5 Der Zusammenhang von Reifung, Lernen und Selbststeuerung

Beispiel 1

„Kira ist 9 Monate alt. Sie kann schon krabbeln und zieht sich gerne an niedrigen Tischen oder Sesseln hoch. Dort kann sie eine Weile stehenbleiben. Wenn sie loslässt, kann sie etwa 2,5 Sekunden freihändig stehen, dann knicken ihre Knie ein und sie plumpst auf den Po. An der Hand eines Erwachsenen kann sie zwei Schritte nach vorn gehen, bevor sie sich auf den Boden setzt."

Gruppenarbeit

X Diskutieren Sie, ob die Eltern Kiras „Laufenlernen" durch Üben beschleunigen können?

Vielleicht haben Sie schon einmal Gelegenheit gehabt ein neugeborenes Fohlen oder Kalb zu beobachten. Schon wenige Stunden nach seiner Geburt kann es auf den eigenen Beinen stehen und seiner Mutter folgen.
Ein menschliches Neugeborenes kann das noch nicht. Um sich aufrichten und laufen zu können müssen bestimmte Voraussetzungen vorhanden sein:
– Muskeln und Knochen müssen so kräftig sein, dass sie das Körpergewicht tragen können,
– das Gehirn muss Nachrichten der Gleichgewichtssinne berücksichtigen und entsprechende Befehle an die zuständigen Muskeln weitergeben können.

Diese Voraussetzungen im Gehirn, den Knochen und Muskeln entstehen bei einem Menschen erst nach seiner Geburt.

Sie geschehen durch innere, genetisch bestimmte Entwicklungsvorgänge, die Reifung genannt werden.

Für Kira bedeutet dies: Sie wird das Laufen lernen, wenn die Reifung erreicht ist. Zusätzliches oder vorzeitiges Üben bringt keinen Erfolg.

Beispiel 2

„Manuela wurde adoptiert, als sie drei Jahre alt war. Bis dahin hatte sie bei ihren Eltern gelebt. Dort hatte sie die meiste Zeit des Tages in ihrem Bettchen verbracht. Als ihre Adoptiveltern sie abholten, mussten sie das Kind aus dem Bettchen heben und zum Auto tragen. Manuela konnte weder stehen noch laufen."

Beispiel 3

„Kinder in Uganda (Afrika) sind im Vergleich zu europäischen oder amerikanischen eher in der Lage zu laufen oder allein zu stehen. Man vermutet, dass es folgende Ursachen für diesen Entwicklungsvorsprung gibt:
– Die Eltern beschäftigen sich sehr viel mit den Kindern. Sie bringen ihnen ein ungewöhnlich hohes Maß an Aufmerksamkeit und Liebe entgegen.
– Die Säuglinge werden häufig auf dem Rücken getragen, so dass die Kleinen früh Gelegenheit haben, Erfahrungen mit der senkrechten Körperhaltung zu sammeln.
– Sobald die Kinder sitzen können, gestattet man ihnen außerdem sich ziemlich frei auf dem Boden zu bewegen."
(nach Mützel, 1983)

Beispiel 4

Jan ist 3 Jahre alt. Er hat Freunde, die zwei und mehr Jahre älter sind als er selbst. Seine Freunde können alle schon Fahrrad ohne die lästigen Stützräder fahren. Jan ärgert sich ungeheuerlich darüber, dass er mit seinem Roller nicht mit den schnellen Fahrradfahrern mithalten kann. Auf seine dringende Bitte hin kaufen die Eltern ein Kinderrad. Zur Verblüffung aller erlernt Jan innerhalb von zwei Stunden das Fahrradfahren.

Partnerarbeit

 Arbeiten Sie die Faktoren heraus, die die Entwicklungsverzögerungen oder Entwicklungsfortschritte verursacht haben können.

Das Beipiel von Manuela zeigt, dass ein Kind in einem bestimmten Lebensabschnitt das Laufen nicht lernen kann, wenn ihm Übungs- und Lernmöglichkeiten fehlen.

Lernen bedeutet, neue Verhaltensweisen zu erwerben oder alte zu verbessern aufgrund von Erfahrung und Übung.

Das Beispiel der afrikanischen Kinder macht deutlich, dass aber auch Hilfen und liebevolle Unterstützung durch Pflegepersonen nötig sind, damit ein Kind einen Entwicklungsfortschritt machen kann.

Am Beispiel von Jan lässt sich außerdem zeigen, dass damit allein Entwicklungsverläufe nicht zu erklären sind. Jan trägt auch selbst etwas zu seinem Entwicklungsfortschritt bei. Letztlich führen sein Ehrgeiz und sein konzentriertes Bemühen zum Erfolg.

> *Selbststeuerung bezeichnet die Eigenverantwortlichkeit des Menschen, die Kreativität, Fantasie und den Willen sein Leben zu gestalten.*

Zusammenfassung

■ Entwicklungsprozesse sind von Reifungsvorgängen abhängig. Sie bewirken jedoch den Entwicklungsfortschritt nicht allein. Hinzu kommen müssen Anregungen und Übungsmöglichkeiten durch die Umwelt, die Lernen ermöglichen. Reifungs- und Lernprozesse wirken während der ersten Lebensjahre so eng zusammen, dass sie nicht voneinander zu trennen sind. Ausschlaggebend für den individuellen Entwicklungsverlauf ist ebenso die Selbststeuerung, d.h. die persönlich Einstellung und Haltung.

3.1.6   Sauberkeitserziehung und kindliche Sexualität

Die so genannte Sauberkeitserziehung bzw. der Verlauf des **„Sauberwerdens"** ist ein schönes Beispiel für das Zusammenwirken von
– Reifung,
– Lernen und
– Selbststeuerung bzw. Eigendynamik.

Wie wir alle wissen, werden Säuglinge gewickelt. Der Grund dafür: Sie beherrschen die Kontrolle der Blase und des Darms noch nicht. Ihr Körper schafft es noch nicht – gelernt haben sie es auch noch nicht und können es vor dem zweiten Lebensjahr (in der Regel) auch noch nicht lernen – zudem sind sie noch nicht in der Lage, es zu wollen. Sie sind also **„natürliche Bettnässer"** oder Bettnässer von Natur aus.

Aber die Eltern wollen, dass ihr Kind nicht „ewig" einnässt und einkotet. Es ist mühevoll, ein Kind 2-3 Jahre lang zu wickeln – und teuer. Eltern sind daran interessiert, dass damit irgendwann Schluss ist, das heißt, dass die Kinder irgendwann selbstständig zur Toilette gehen, wenn sie „müssen". Nicht immer klappt es so, wie sie es sich vorstellen.

Früher, vor einigen Jahrzehnten, waren Eltern stolz darauf, wenn Kinder möglichst früh „sauber" waren. Es gibt Mütter, die heute noch behaupten, ihre Kinder seien mit einem Jahr sauber gewesen. Bei dieser Aussage aber gerät Dichtung und Wahrheit meist durcheinander.

····▶ **Der Körper des Kindes muss zuerst einmal so weit ausgereift sein, dass es für ihn möglich ist die Blase und den Darm zu kontrollieren.** Reif sein heißt: Das Nervensystem muss in der Lage sein dem Schließmuskel der Blase den „Befehl" zu geben: Es ist Zeit für die Entleerung. Dieses Stadium erreicht ein Kind um das zweite Lebensjahr.

····▶ **Nun wird es möglich, dass ein Kind lernt:** Wenn ich ein bestimmtes Gefühl verspüre, sollte ich zur Toilette gehen. Vorher ist dieses Lernen noch nicht möglich.

····▶ **Wenn nun ein Kind noch sauber sein will (Selbststeuerung), weil nämlich die blöden nassen Windeln unangenehm sind,** geht die Entwicklung zur „**Sauberkeit**" schneller. Vielleicht hat es bei den Geschwistern gesehen: Wenn ich auf den „Pott gehen" kann, bin ich auch „groß."

Früher glaubte man, Kinder müssten möglichst früh sauber sein. Aufgeweckte Eltern sehen das heute ganz anders. Sie sagen:
Sobald das Kind spürt, dass es unangenehm ist mit einer nassen Windel umherzulaufen, wird es sich am schnellsten daran gewöhnen, auf die Toilette gehen zu wollen.

Viele **Pädagogen** sagen: Das ist auch die beste Möglichkeit, das Kind zur Sauberkeit zu erziehen. Es lernt nämlich dabei **sich die Sauberkeit selbstständig und aus eigenem Willen zu „erarbeiten."**

Im Gegensatz dazu setzen Eltern ihr Kind unter Druck, beschimpfen und bestrafen manche, wenn es in „die Windeln macht." Sie nehmen dem Kind die Möglichkeit der Entwicklung zur Selbstständigkeit und riskieren viele spätere Verhaltensprobleme, wenn sie keine Geduld haben:

····▶ Angst vor Schmutz, Ängstlichkeit bei der Berührung von Erde/Matsch/Materialien,

····▶ Zwanghafte Sauberkeit,

····▶ Ängste im Zusammenhang mit sexueller Aktivität,

····▶ Sexuelle Probleme vielfältiger Art,

····▶ Bettnässen in späterem Kindesalter usw.

Kinder, die eine Sauberkeitserziehung genießen, die sich an Selbstständigkeit orientiert, sind zwischen zwei und vier Jahren (in der Regel) sauber. **Mädchen sind durchschnittlich früher „sauber" als Jungen. Woran** es liegt, weiß man nicht genau. Mögliche Gründe:

····▶ **Mädchen reifen schneller,**

····▶ **Mädchen sind strengeren Erwartungen seitens ihrer Mütter ausgesetzt.**

Nässt ein Kind mit 5, 7 oder 9 Jahren ein, sollte man eine psychologische Beratungsstelle aufsuchen. Bettnässen kann relativ gut therapiert werden (N. Kühne, Gießen 1974; S. 82-87). Die Therapie des Einkotens ist dagegen schwieriger.

Kindliche Sexualität

Kinder haben eine **Sexualität.** Diese Erkenntnis stammt von S. Freud und ist inzwischen etwa 100 Jahre alt.

Die kindliche Sexualität aber ist anders als die der Erwachsenen. Mit der Pubertät entsteht die Sexualität, die – in der Regel – auf einen Partner des anderen Geschlechts gerichtet ist. Freud aber stellt z. B. fest:

••••► Kinder im ersten Lebensjahr empfinden **Lust, Dinge in den Mund** zu nehmen. Freud nennt diesen Umstand **Sexualität.** Das Kind muss ausgiebig nuckeln können (Daumen, Schnuller), es muss Hautkontakt mit der Pflegeperson (Eltern) und viel Zuwendung von ihr haben (siehe auch „Hospitalismus" in Kapitel 2). Kommt das Kind in dieser Hinsicht zu kurz, können sich psychische Störungen daraus entwickeln (Depressionen, Verwahrlosung, weitere soziale Störungen).

••••► Im zweiten Lebensjahr empfindet das Kind **Lust bei der Ausscheidung**. Auch das ist nach Freud ein Umstand, der sich aus der **Sexualität** des Kindes entwickelt. Wird das Kind während der „Sauberkeits-erziehung" zu streng und zu früh auf Reinlichkeit verpflichtet und unter Druck gesetzt, können sich Verhaltensstörungen entwickeln (z.B. zwanghafte Sauberkeit, Angst vor gegengeschlechtlichen Kontakten nach der Pubertät, starke Hemmungen usw).

••••► Kinder um 3 Jahre fühlen sich gelegentlich stärker zum gegengeschlechtlichen Elternteil hingezogen. Ein Junge sagt z.B. zur Mutter: **„Mama, ich will dich heiraten."** Auch das ist für Freud ein Zeichen kindlicher **Sexualität.** Eltern haben die Möglichkeit, spielerisch darauf einzugehen, denn diese kindliche Verhaltenstendenz ist vorübergehend. Es ist weniger günstig für die Selbstständigkeit des Kindes, wenn Eltern das Kind von sich abhängig machen (z.B. durch Verwöhnen).

Mit der Pubertät entwickelt sich Sexualität im vollendeten Sinn, denn vorher ist die Sexualität nach S. Freud unvollkommen (sie existiert nur als „Teiltrieb"). Freud glaubte auch, dass es zwischen dem 5. Lebensjahr etwa und der Pubertät überhaupt kein sexuelles Interesse gibt. Das ist vermutlich falsch. Kinder interessieren sich durchaus für den menschlichen Körper, für die Sexualität der Erwachsenen und für das andere Geschlecht. Die heutige Werbung macht es den Kindern auch schwer, das Thema zu ignorieren.

Der Grundstein für eine **geglückte Sexualität** im Erwachsenenalter wird durch eine Erziehung gelegt, die gekennzeichnet ist

····▶ durch eine konstante Zuwendung, die dem Kind das Gefühl der Geborgenheit vermittelt,

····▶ durch Interesse an den Themen, die das Kind den Eltern gegenüber formuliert,

····▶ durch Interesse am Körper und an Sexualität,

····▶ durch Offenheit im Gespräch mit dem Kind und durch sorgfältige Informationen, die dem Kind angeboten werden.

Partnerarbeit

✗ Sammeln Sie Kinderbücher (für das Alter 3-6 Jahre), die sich mit dem Thema Sexualität beschäftigen. Diskutieren Sie, wie diese Bücher an des Thema herangehen.
Fragen Sie Kinderpflegerinnen und Erzieherinnen, wie und wann sie diese Bücher verwenden – oder ob dieses Thema im Kindergarten keine Rolle spielt und aus welchen Gründen.

3.2   Die sprachliche Entwicklung

3.2.1   Beispiele

Karla, 2 Jahre, 10 Monate:

„Ich hab das abgeschneit." (Ich habe das Stück Papier mit der Schere abgeschnitten.)

Frederike, 2 Jahre, 1 Monat:

„Rikes Ente slaeft."
„Scherge ham" (Ich will eine Schere haben.)
„Toffeln nicht" (Ich habe keine Kartoffeln gegessen.)

Hendrik, 1 Jahr, 7 Monate:

„Wau-wau." (Da ist ein Hund.)

Pascal, 1 Jahr, 6 Monate:

„Du spielen" (Ich will damit spielen.)

Maike, 2 Jahre:

„Fulalo" (Da fliegt ein Luftballon.)

Johannes, 4 Jahre, 8 Monate:

„Im katalogischen Garten bei den Schlaraffen …" *(Im zoologischen Garten bei den Giraffen…)*

Jens, 2 Jahre:

„Tuneani heiß" *(Das Bügeleisen ist heiß)*

Jannik, 3 Jahre, 4 Monate:

„Ich hab püriert und püriert, aber der Verschlussreiß ist nicht zudedangt." *(Ich habe es oft probiert, aber ich habe den Reißverschluss nicht schließen können.)*
„Eine, Au eine." *(Hier zählt er und meint: zwei)*

Partnerarbeit

✗ Sammeln Sie in Ihrer Praktikumsstelle sprachliche Äußerungen von Kindern in verschiedenen Altersstufen und ergänzen Sie diese durch die entsprechenden Deutungen.

3.2.2   Der Erwerb der Sprache

Die Vorstufen der Sprache

Sprechen und Hören bilden eine Einheit. Wenn ein Baby zur Welt kommt, hat es schon eine Reihe von „Geräuscherfahrungen" hinter sich: Wissenschaftler fanden heraus, dass das Ungeborene – trotz des Fruchtwassers in seinen Ohren – den rhythmischen Herzschlag der Mutter wahrnimmt, die Darmgeräusche hört und sogar Außengeräusche wahrnehmen kann.

Nach der Geburt erlebt das Kind dann auch andere Geräusche und ist fähig, selbst durch Laute mit der Umwelt zu interagieren. Durch das Schreien verständigt es sich in den ersten Lebenswochen. Das Kind schreit sehr unterschiedlich: einmal laut, dann wimmernd, mal kurz, dann kräftig usw. Diese Äußerungen des Kindes lernt seine Pflegeperson schnell zu interpretieren und darauf zu reagieren. Der Säugling wiederum ist bereits im ersten Lebensmonat fähig, die Stimme der Mutter von anderen zu unterscheiden und lässt sich von ihr beruhigen.

Im zweiten bis dritten Monat lauscht das Kind auf den Klang eines Glöchckens, sucht bei vertrauten Geräuschen mit den Augen nach der Schallquelle und beginnt zu lallen. Das Lallen wird im vierten Lebensmonat stimmhafter.

Etwa mit sechs Monaten ist eine neue Verhaltensweise zu beobachten: Das Kind „antwortet", wenn es von Erwachsenen angesprochen wird.

Mit dem Lallen kann das Kind Kontakt zur Umwelt aufnehmen und Freude zum Ausdruck bringen. Das Lallen ist eine spezifisch menschliche Vorbereitung der Lautsprache. In spielerischen, immer neuen Lautbildungen wird das Material der Lautsprache erworben, bevor es zu Lautverbindungen zusammengefügt wird. Das Kind äußert z. B. zuerst „m-m-m" oder „o-o-o" bevor es „da-da-da" oder „pa-pa-pa" sagt. Für die Entwicklung dieses Lautrepertoires ist die Rückmeldung über das Gehör von größter Wichtigkeit.

Schon in dieser vorsprachlichen Phase ist das Sprechenlernen an die Reaktion der Umwelt gebunden.

Auch gehörgeschädigte Kinder beginnen wie andere zu lallen, stellen es aber schon bald wieder ein, wenn sie keine Reaktion darauf hören.

Das Kind übt beim Lallen sowie bei den Lautäußerungen seine Stimmbänder und die Sprechmuskulatur für das eigentliche Sprechen. Mit sieben Monaten „babbelt" das Baby vier oder mehr verständliche Laute und bildet Zweisilbenworte. Es reagiert nun deutlich auf Zuruf. Mit acht Monaten gebraucht das Kind die Stimme, wenn es Beachtung finden will und lauscht mit neun Monaten auf das Ticken einer an das Ohr gehaltenen Taschenuhr.

Im Alter von zehn Monaten versteht das Kind zahlreiche Ausdrücke, z.B. „nein-nein". Es bildet jetzt Worter durch Silbenverdopplung z.B. „wau-wau" oder „pa-pa". Mit zwölf Monaten gibt das Kind „Babbel"-Monologe als Ausdruck der Zufriedenheit von sich, wenn es allein ist.

Einzelarbeit

 Beobachten und notieren Sie vorsprachliche Äußerungen von Kindern im Alter bis 1 Jahr, 6 Monate.

Die Entwicklung des Wortschatzes und des Satzbaus

Die nachfolgende Aufstellung von E.J.Kiphard (1975/76 S.88 f. und Anhang) bietet eine praktische Übersicht über die sprachlichen Fähigkeiten von Kindern bis zum 4. Lebensjahr:

1. Saugt, schluckt, weint 2. Andere Laute als weinen 3. Laute: cha, grr, öh, eku, erre	6 Monate	4. Kichert, lacht quietscht 5. Schließt Mund, schluckt Spucke 6. Antwortet durch Laute
7. Leckt Breilöffel gut ab 8. Trinkt von gehaltener Tasse 9. Spuckt mit Zungenspitze	12 Monate	10. Äußert Stimmungslaute 11. Ahmt Leute nach 12. Lallt 4 verschiedene Silben
13. Kaut mühelos feste Nahrung 14. Laute als Wunschäußerung 15. Laute: a, o, u, m, b, p	18 Monate	16. Sagt 2 sinnvolle Worte 17. Ahmt 2 Tierlaute nach 18. Ahmt 2 Worte nach
19. Einwortsatz als Wunsch 20. Laute: n, l, d, t, w, f 21. Verwendet 5 Worte	24 Monate	22. Benennt 3 Personen 23. Benennt 4 Dinge 24. Benennt 2 Tätigkeiten
25. Verwendt 10 Worte 26. Nennt sich beim Vornamen 27. Sagt; da, weg, bitte, danke	30 Monate	28. Bennet 2 Eigenschaften 29. Spricht Zweiwortsatz 30. Verwendet der, die, das
31. Sagt; noch, wieder, viel 32. Wiederholt Viersilbensatz 33. Fragt; was'n das?	36 Monate	34. Spricht Dreiwortsatz 35. Spricht mit Puppe, Teddy 36. Laute: r, s, sch, x, z
37. Sagt; ich, du, mein, dein 38. Verwendet Mehrzahl 39. Benennt Tätigkeit im Bild	42 Monate	40. Nennt 5 Tiere 41. Berichtet spontan Erlebnis 42. Verwendet Vergangenheit
43. Laute: ch/ch, ng, nt, schp, fr 44. Erklärt was es spielt 45. Wiederholt Kurzgeschichte	48 Monate	46. Gebraucht Nebensätze 47. Fragt: wer, wo, wann, warum 48. Nennt 2 Gegenstände

Alter	Zahl der Wörter im Durchschnitt	Zuwachs
0;8	–	–
0;10	1	1
1;0	3	2
1;3	19	16
1;6	22	3
1;9	118	96
2;0	272	154
2;6	446	174
3;0	896	450
3;6	1222	326
4;0	1540	318
4;6	1870	330
5;0	2072	202
5;6	2289	217
6;0	2562	273

Wortschatzentwicklung bis zum 6. Lebensjahr
(Smith, 1926; zitiert nach N. Kühne, 1998)

Im gesamten dargestellten Zeitraum ist die Lernfähigkeit des Kindes in Bezug auf den Spracherwerb stark ausgeprägt. Besonders zwischen dem 2;6 und 4;6 Lebensjahr erweitert das Kind seinen Wortschatz durch unzählige Fragen. Darum wird dieses Alter auch Fragealter genannt.

Die stetige **Erweiterung des Wortschatzes** und die fortschreitende **Differenzierung des Satzbaus** helfen dem Kind:

••••► die Umwelt immer genauer wahrzunehmen, zu erfassen und zu gliedern,

••••► eigene Bedürfnisse und Pläne bewusster zu erkennen und anderen mitteilen zu können,

••••► seinen Platz in sozialen Gruppen (Familie, Kindergarten) zu erkennen und gestalten zu können.

„Es lässt sich mit Fug und Recht behaupten, dass alle Sprachen mit derselben Leichtigkeit erlernt werden, bevor das Kind vier Jahre alt wird – Ausnahmen gelten bestenfalls für Konstruktionen, die selten vorkommen, vornehmlich in der Schriftsprache auftauchen oder selbst dem Erwachsenen Kopfzerbrechen bereiten. Die Fehler, die Kindern unterlaufen, sind selten Zufallsprodukte. Häufig fügen sie sich so nahtlos in die Logik der Grammatik ein, dass man sich nicht fragen sollte, warum sie einem Erwachsenen überhaupt fehlerhaft erscheinen. [...]

Ich hab mein Auto geseht.
Ooh, ich hab falsch gefliegt.
Die hat schon gewinnt.
Da ist das umgefellt.
Du hast alles aufgeesst.
„Diese Formen klingen in unseren Ohren falsch, weil Deutsch etwa 180 unregelmäßige Verben enthält […], deren Vergangenheitsformen wie gesehen, geflogen, gewonnen und gefallen nicht regelhaft sind, sondern auswendig gelernt werden müssen."

(Steven Pinker: Der Sprachinstinkt, München 1998, S. 316)

Wenn man z. B. weiß, dass es in der englischen Sprache etwa **zwanzig Milliarden** Möglichkeiten (!) gibt, Hilfsverben (können, sein, sollen, haben usw.) einzusetzen, dass aber nur **hundert** dieser Möglichkeiten grammatisch korrekt sind, steigt die Achtung vor dem kindlichen Sprachvermögen.

Probleme in der Sprachentwicklung:

····▶ Das Kind spricht nicht so viel, wie es für das Alter angemessen wäre. Es spricht undeutlich. Die Sätze sind weniger ausführlich. Der Wortschatz ist geringer als der anderer Kinder. In diesem Fall spricht man von **verzögerter Sprachentwicklung**. Die Hintergründe sind in der Regel: Mit dem Kind wurde wenig gesprochen. Eine autoritäre Erziehung wünscht eher ein Kind, das nur spricht, wenn es gefragt wird. Hier kann eine gezielte Sprachförderung im Kindergarten helfen.

····▶ Das Kind **spricht nicht, obwohl es sprechen könnte (Mutismus)**. Einige Therapeuten sprechen vom **„seelisch bedingten Schweigen"** (H. Trapmann/G. Liebetrau/W. Rotthaus: Auffälliges Verhalten im Kindesalter, Dortmund 1971). Eine Therapie ist in der Regel nicht einfach. Man soll den Eltern empfehlen, eine psychologische Beratungsstelle aufzusuchen.

····▶ Das Kind **stammelt.** Einzelne Laute werden falsch gebildet. S wird z. B. gelispelt, G und K werden falsch artikuliert. Häufig werden ganze Sätze so zusammengezogen, dass sie nicht verständlich sind (Luftballon = Lufalom). Hier empfiehlt es sich zu üben – im Spiel und während anderer Beschäftigungen.

····▶ **Stottern** ist für das Kind schon Strafe genug. Alle lachen darüber – und die Verkrampfung verstärkt sich. Stottern ist eine krampfartige Unterbechung des Redeflusses, die jene Muskelgruppen betrifft, die für die Lautbildung verantwortlich sind. Vielleicht haben Sie schon einmal bemerkt, dass stotternde Kinder beim Singen oder Gedichtaufsagen keinerlei Probleme haben. Psychologen und Therapeuten glauben, dass die erkennbare Verkrampfung beim Sprechen mit einer Art seelischen Verkrampfung zusammenhängt. Eine pedantische oder autoritäre Erziehung kann dafür verantwortlich sein; auch die Unterdrückung des Kindes mag eine Rolle spielen. Gelegentlich spielt Eifersucht auf andere Geschwister mit. (Trapmann/ Liebetrau/ Rotthaus, 1971). Neuere Vorstellungen über Ursachen gehen von einer „angeborenen Sprachgestaltungsschwäche" aus. Eine Nervenschwäche könnte eine Rolle spielen sowie „geringfügige Hirnschädigungen" oder eine „verlangsamte Reifung" des Nervensystems (Köck, P./Ott, H., Donauwörth 1997, S. 691). Die Empfehlung einer Beratungsstelle ist angesagt.

Wir können hier nur einen kleinen Ausschnitt von Sprachstörungen wiedergeben. Grundsätzlich aber können wir anmerken, dass eine lebendige und ständige Auseinandersetzung mit Worten für **die Sprachentwicklung des Kindes** äußerst wichtig zu sein scheint:

····▶ Spiele organisieren, die mit Sprache und Sprachbearbeitung zu tun haben – angefangen vom Memory, das man sprachlich begleiten kann, bis zum Rollenspiel, zu dem man Kinder anleiten kann, wenn sie es nicht selbst in die Hand nehmen,

····▶ Fortwährende, freundliche und zuwendende Auseinandersetzung mit dem Kind; die Aufforderung an das Kind zu sprechen; Hinweise in Worten geben und die sprachliche Auseinandersetzung mit dem Kind suchen,

····▶ Eine freundliche Atmosphäre schaffen, die dem Kind das Sprechen erleichtert,

····▶ Als Sprachvorbild korrekt sprechen; Begründungen für Handeln abgeben und auf Fragen des Kindes geduldig antworten (siehe auch nächstes Kapitel).

Hilft eine freundliche, fördernde und durch intensiven Sprachgebrauch gekennzeichnete Atmosphäre dem Kind nicht seine Sprache weiter zu entwickeln, sollte man den Eltern empfehlen, zu einer psychologischen bzw. sprachtherapeutischen Beratungsstelle zu gehen.

„Hebie börsti"

Sprachäußerungen von Kindern:

▲ *Das Wasser kocht. Jürgen beobachtet es und sagt zu seiner Mutter: „Mama! Großer Rauch und kleine Kugeln kommen raus!" (2 Jahre) (Sieglinde Renz)*

▲ *Edi: „Das kann doch nicht wohl wahr sein!" (2 Jahre) (Kerstin Fay)*

▲ *Dagmar hat während der Autofahrt in die Hose gemacht. Sie betrachtet ihre Hose: „Oh, Mama! Ich hab' vielleicht geschwitzt!" (2 Jahre) (G. und K. Boettcher)*

▲ *Bei der Beerdigung. Florian: „Warum graben wir den Opa ein, wenn er doch jetzt beim lieben Gott ist?" (4 Jahre) (Leon Dries)*

▲ *„Papa, wo ist denn der Besen für die Haare?" (4 Jahre) (Gisela Schalk)*

▲ *Sören will keinen Keksbruch: „Ich möchte aber einen heiligen Keks!" (5 Jahre) (H.-D. Zeuschner)*

▲ *„Fon Frauke*
Herzlichen Geburzarg
Hebie börsti Tuju Hebie börsti Tuju zum gebrztark Liebe Mama
Hebie börsti Tuju" (6 Jahre) (Annette Ostermann-Muhsal)

(aus. N. Kühne, Zürich 1997)

Die Bedeutung des pädagogischen Verhaltens beim Erlernen der Muttersprache

Beim Erlernen der Muttersprache spielt das Vorbild der Pflegepersonen und der Umgebung (Eltern, Geschwister, Erzieher, Kinderpfleger) eine wichtige Rolle. Das Kind ahmt ihr sprachliches Vorbild nach.

Durch günstiges pädagogisches Verhalten kann der Spracherwerb unterstützt und beschleunigt werden. Ungünstiges Verhalten gegenüber dem Kind kann zu Verzögerungen und Störungen führen.

Günstig wirkt sich aus, wenn Erwachsene

····▶ langsam und deutlich mit dem Kind sprechen (keine Babysprache verwenden),

····▶ beim Sprechen Blickkontakt mit dem Kind halten,

····▶ dem Kind aufmerksam zuhören und es in seinen Äußerungen nicht unterbrechen,

····▶ Fragen des Kindes ruhig und kindgemäß beantworten,

····▶ eine anregungsreiche Umgebung schaffen,

····▶ sprachliche Äußerungen von Kindern verstärken und ggf. durch richtiges Wiederholen korrigieren.

Gleichgültigkeit, Ablehnung und Nachlässigkeiten beim eigenen Sprechen wirken sich ungünstig auf den Spracherwerb aus.

Das Sprechenlernen steht im engen Zusammenhang mit der Denk- und Intelligenzentwicklung des Kindes. Kinder, die im Spracherwerb weiter fortgeschritten sind als andere, lösen soziale und sachliche Aufgaben in der Regel leichter.

Das bedeutet:

> *Eine gute sprachliche Förderung des Kindes ist eine äußerst wichtige Voraussetzung für einen günstigen Verlauf der Gesamtentwicklung des Kindes.*

Partnerarbeit

X Finden Sie Beispiele für fantasievolle pädagogische Aktionen, die Kinder zum Sprechen anregen können und damit ihre Sprachentwicklung fördern.

3.3 Kognitive Entwicklung

3.3.1 Beispiele

▲ *Als Jannik abends aus dem Fenster guckt, sagt er: „Draußen dunkel ist, Tinder Bett."*

Einmal in der Nacht, als er wach wird, sagt er zu seiner Mutter: „Opa schläft, Oma schläft, alle Tinder schlafen – ein Tind wach: Hannik."

Seine Mutter ermahnt ihn nicht zu dicht an die Klippen (Portugal, an der Küste) zu gehen, er könne dort runter fallen und dann sei er tot. Jannik antwortet: „Mama neues Kind kaufen."

Am Strand wurde er von Kindern nassgespritzt, das hat ihm nicht gefallen. Später knetet er zu Hause eine Schnecke und sagt zu sich selbst: „Hecke weint." Auf die Frage der Mutter, warum die Schnecke denn weinen würde, antwortet er: „Tinder nassdepritzt."

▲ *Uta glaubt: „Wenn die Sonne untergeht, fällt sie auf die Straße." Sie sieht den Mond am Himmel stehn und fagt: „Warum fällt der Mond nicht runter?"*
Während des Spaziergangs fragt sie die Mutter: „Was ist das für eine Kirche?" – Die Frauenkirche. „Dürfen da auch Männer rein?"

▲ *Dirk fragt: „Mama, wer ist eigentlich älter, der Opa oder Du?"*

▲ *Fenja betrachtet Onkel Georgs kahles Haupt von allen Seiten, geht zur Oma und verspricht: „Wenn Du keine Haare mehr hast, schenke ich Dir welche von mir."*

▲ *Jussi begleitet seine Mutter gern zur Toilette. Interessiert schaut er sich an, wie sie den Tampon wechselt und fordert: „Ich will auch eine Batterie haben."*
(aus: N. Kühne: 30 Kilo Fieber – die Poesie der Kinder, Zürich 1997)

▲ *Fritzi schaut aus dem Fenster des fahrenden Zuges. Sie sagt: „Alle Masten laufen ganz schnell weg."*

Einzelarbeit

X Suchen Sie an Ihren Praxistagen typische Beispiele für kindliches Denken bzw. für die kindliche Deutung der Welt.

3.3.2 Das Modell der kognitiven Entwicklung nach Piaget

Die oben aufgeführten Beispiele, die Sie sicher leicht durch eigene ergänzen können, zeigen, dass Kinder anders denken als Erwachsene. Häufig wird angenommen, dass Kinder „falsch" denken und Erwachsene darum durch Erklärungen, dieses Denken korrigieren müssten.

Der Schweizer Psychologe Jean Piaget hat sich speziell mit dem kindlichen Denken befasst. Er hat herausgefunden, dass

····▶ Kinder in verschiedenen Lebensaltern unterschiedliche Denkformen haben,

····▶ sich Denken durch die aktive Auseinandersetzung mit der Umwelt bildet, verändert bzw. weiterentwickelt.

Beispiel

Ein 3-jähriges Kind hat durch seine bisherigen Erfahrungen gelernt: Alle Dinge, die ich loslasse, fallen zu Boden. Nun erhält dieses Kind eines Tages einen gasgefüllten roten Luftballon geschenkt. Als das Kind die Schnur, an der der Luftballon befestigt ist, in einem unbedachten Augenblick loslässt, passiert das für das Kind Unfassbare: der Luftballon fällt nicht wie erwartet zur Erde, sondern schwebt langsam zur Zimmerdecke.

Die bisherigen Erfahrungen der Kindes bestätigten sein **Denkschema**. Alles, was es losließ, fiel zu Boden: der Ball, die Rassel, der Keks. Jetzt passiert etwas, was nicht zu seinen bisherigen Erfahrungen passt.

Das Kind hat seine Umwelteindrücke bisher mit Hilfe seines gewohnten **Denkschemas**:
Alle Dinge fallen zu Boden

verarbeiten können. Bisher passten alle Erfahrungen, so unterschiedlich sie auch waren (Ball, Rassel, Keks), hinein. Jetzt stimmt dieses Schema nicht mehr ganz. Das Kind wird es **korrigieren:**

Alle Dinge außer rote Luftballons fallen zu Boden.

Dies ist sein **neues Schema**. Es gilt so lange, bis das Kind wieder andere Erfahrungen macht.

Die Verarbeitung (Erklärung) von Umwelteindrücken mit Hilfe von vorhandenen Denkschemata nennt Piaget
Assimilation.

Sind die vorhandenen Denkschemata zur Verarbeitung der neuen Eindrücke ungeeignet, werden sie verändert. Piaget spricht dann von
Akkomodation.

Beide Vorgänge sind Anpassungen an eine als anders erlebte Welt.

Piaget unterscheidet **zwei Stadien der Entwicklung des Denkens:**

····▶ Im **sensomotorischen Stadium** verbindet das Kind Wahrnehmungs-eindrücke mit angemessenen motorischen Handlungen. Das Kind sieht z. B. das über seinem Bett aufgehängte Mobile und versucht es mit der Hand zu berühren oder zu ergreifen. In diesem Stadium kann sich das Kind Dinge, die es nicht sieht, auch nicht vorstellen. Das sensomotori-sche Stadium dauert ca. bis zum 20. Lebensmonat.

····▶ Im Laufe des begrifflichen Stadiums entwickelt das Kind zunehmend die Fähigkeit sich Tätigkeiten vorstellen zu können, ohne sie direkt durchzuführen. So kann sich das Kind in diesem Stadium das Spielen mit Förmchen am Strand vorstellen, obwohl diese Tätigkeit bereits mehrere Tage zurückliegt. Die Entwicklung des begrifflichen Denkens beginnt ca. mit 18 Monaten und endet mit der Entwicklung des ab-strakten Denkens. Abstraktes Denken bedeutet, sich beim Denken vollständig von der Anschauung zu lösen. Im Alter von zwölf Jahren können logische Schlussfolgerungen gezogen werden.

Piaget unterteilt die Entwicklung des Denkens in mehrere Stufen:

**1. Die Entwicklung der „sensomotorischen Intelligenz"
(bis zu ca. 18 Monaten)**

Leistungen des Denkens zeigen sich in den ersten Lebensmonaten im Handeln.

▲ *Zum Beispiel findet der Säugling die Brustwarze schnell oder weni-ger geschwind (in den ersten Lebenstagen).*

▲ *Das Kind schlägt eine Rassel und bemerkt, dass es Geräusche machen kann – es wiederholt das Geräusch gezielt (3. bis 6. Monat).*

▲ *Das Kind kann einen Stock als Werkzeug benutzen. Es holt Gegen-stände damit heran (18. bis 20. Monat).*

Bei der sensomotorischen Intelligenz handelt es sich um die Verbindung von Eindrücken aus der Wahrnehmung mit entsprechenden Handlungen des Kindes.

**2. Stufe des „symbolischen Denkens" oder vorbegrifflichen Denkens
(18 Monate bis 2 Jahre)**

Voraussetzung für diese und die weitere Entwicklung der Intelligenz ist die Fähigkeit, sich z. B. Tätigkeiten vorstellen zu können, ohne sie tatsächlich durchzuführen. Das Kind wird ab dieser Zeit ganz allmählich unabhängiger von konkreten Handlungen, denn das Kind kann sie in der Vorstellung entwickeln.

▲ *Das Kind nimmt einen auf Papier gezeichneten Vogel und will ihn „fliegen lassen." Es unterscheidet nicht zwischen Realität und Symbol (auf dem Papier).*

Anfangs sind zeitliche und räumlichen Entfernungen noch stark verzerrt oder subjektiv extrem verändert. Doch im weiteren Verlauf der Entwicklung kann sich das Kind Gegenstände und Sachverhalte über Tage, später über lange Zeit merken und im Gedächtnis aufbewahren.

Der systematische Spracherwerb kommt dem Kind dabei zu Hilfe. Auch wenn die Grenzen zwischen der objektiven Welt einerseits und den Wörtern oder den Zeichnungen andererseits noch nicht so klar ist.

3. Stufe des anschaulichen Denkens (2 bis 7 Jahre)

Mit der Weiterentwicklung der Gedanken, Vorstellungen und Erfahrungen bekommen die Begriffe des Kindes anschaulichen Charakter. Wahrgenommene Gegenstände können erinnert werden, wenn das Kind sie nicht mehr sieht. Diese Vorstellungen sind aber nicht sehr flexibel.

Ein Beispiel berichtet die Schülerin Jessica (J) Quadroventi, 18 Jahre alt (Marl). Sie sprach mit einem Mädchen (M) von etwa 4 Jahren, das sie im Zug traf:

M: *„Wo kommst Du her?“*
J: *„Von der Schule.“*
M: *„Gehst du noch arbeiten?“*
J: *„Nein.“*
M: *„Warum nicht?“*
J: *„Ich muss zur Schule.“*
M: *„Komisch! Wo ist denn dein Mann? Zu Hause?“*
J: *„Ich habe keinen Mann.“*
M: *„Und deine Kinder. Wo sind denn deine Kinder? Kann ich mit denen spielen?“*
J: *„Ich habe keine Kinder und auch keinen Mann. Ich bin nicht verheiratet.“*
M: *„Aber du bist doch so groß. Kannst du keine Kinder kriegen – warum hast du keine?“*
J: *„Ich will gar nicht.“*
   M will J ihren kleinen Bruder auf Mamas Arm zeigen.
   Dann fragt
J: *„Warst du denn auch mal so klein?“*
M: *„Nein! Ich war mal klein, aber so klein wie mein Bruder nicht.“*

Gespräch mit Rose (R), 4 ½ Jahre alt

E: *„Wie alt ist deine Schwester Erika?“*
R: *„Weiß ich nicht.“*
E: *„Ist sie noch ein Baby?“*
R: *„Nein, sie kann schon laufen.“*
E: *„Wer ist denn älter von euch beiden?“*
R: *„Ich.“*
E: *„Warum meinst du das?“*
R: *„Weil ich größer bin.“*
E: *„Und wenn Erika einmal in die Schule geht, wer von euch beiden wird dann älter sein?“*
R: *„Weiß ich nicht.“*

E: „Und wenn ihr einmal beide große Fräulein seid, wird dann eine älter sein als die andere?"

R: „Ja."

E: „Wer von euch beiden?"

R: „Weiß nicht."

E: „Ist deine Mama älter als du?"

R: „Ja."

E: „Ist deine Großmutter älter als deine Mama?"

R: „Nein."

E: „Sind sie gleichaltrig?"

R: „Ich glaube ja."

E: „Ist denn deine Großmutter nicht älter als deine Mutter?"

R: „Oh nein!"

E: „Wird deine Großmutter jedes Jahr älter?"

R: „Sie bleibt immer gleich."

E: „Und deine Mama?"

R: „Auch gleich."

E: „Und du?"

R: „Ich? Nein, ich werde älter."

E: „Und deine Schwester?"

R: „Sie auch."

(G. Petter, 1978/zitiert nach N. Kühne 1998)

Piaget stellte fest, dass Kinder in der Stufe des anschaulichen Denkens bei folgendem Experiment die Frage des Versuchsleiters „Welches Glas enthält mehr Perlen?" nicht richtig beantworten können. Sie benennen einmal das breite Glas („weil es dicker ist") und ein anderes mal das höhere Glas („weil es größer ist"). Die Kinder sind also noch nicht fähig, drei Aspekte (Dicke, Höhe und Inhalt) gleichzeitig zu berücksichtigen.

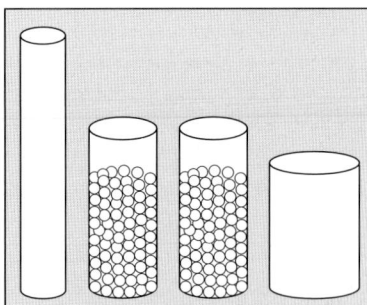 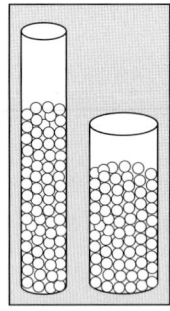 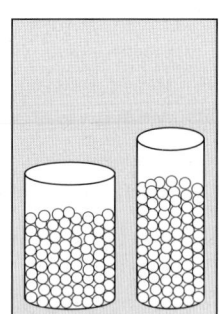

Ein Kind wird gefragt, ob in beiden Gläsern gleich viele Perlen sind.

Der Inhalt wird vor den Augen des Kindes in ein höheres Glas umgeschüttet.

Der Inhalt wird vor den Augen des Kindes in ein breiteres Glas umgeschüttet.

(Abbildungen aus: Felix Novak u.a., Psychologie 2. Hueber-Holzmann Verlag, München 1977, S. 97)

In diesem Zusammenhang spricht man von **„magischem Denken"** (zwischen dem 4. und 7. Lebensjahr). Es ist ein Denken, das nicht an der objektiven Realität orientiert ist, sondern an der lebhaften Phantasie des Kindes, nach der alles möglich erscheint.

Insofern als das Kind von eigenen Vorstellungen ausgeht und diese als real gelten lässt, wird auch von **ichbezogenem oder egozentrischem Denken** gesprochen.

Partnerarbeit

 Führen Sie dieses Experiment selbst einmal mit einem Praktikumskind durch. Sie können statt der Perlen auch Wasser verwenden.

4. Stufe der konkreten Operationen (7 bis 12 Jahre)

Allmählich lernt das Kind mehrere Aspekte eines Gegenstandes zu berücksichtigen und in welcher Art und Weise sie in Beziehung zueinander stehen. Dies bedeutet auf dem links angeführten „Perlenversuch" übertragen, dass das Kind Dicke, Höhe und Inhalt der Gefäße ins richtige Verhältnis zueinander setzen kann. Es erfasst die Tatsache, dass ein Gegenstand (hier Menge der Perlen) trotz äußerer Veränderungen quantitativ gleich bleibt.

Dies lässt sich durch Zurückführung eines Objektes in seinen ursprünglichen Zustand (hier Zurückschütten der Perlen in den Ausgangsbehälter) nachweisen. Diesen Vorgang muss das Kind nicht tatsächlich ausführen, es kann ihn gedanklich, in der Vorstellung, durchspielen. Darin zeigt sich die **Reversibilität** (Umkehrbarkeit) eines Denkvorganges. Dieser Zusammenhang soll an einem weiteren **Beispiel** nach Schraml, 1974, verdeutlicht werden.

„In der Zeit des anschaulichen Denkens konnte ein Kind noch nicht feststellen, dass zwei Reihen von Stäbchen dieselbe Stäbchenzahl enthielten, wenn die Stäbchen der einen Reihe eng beisammen, die der anderen Reihe dagegen weit auseinander gerückt waren. Bestimmt wurde die weit auseinander gezogene Reihe, die ja auch größer wirkte, als die an Stäbchenmenge oder - zahl größere bezeichnet. Jetzt aber, auf der Stufe der konkreten Operationen, kann das Kind feststellen, dass beide Reihen dieselbe Anzahl Stäbchen enthalten und sich lediglich durch die verschiedene Anordnung der Stäbchen voneinander unterscheiden."

erste Reihe: | | | | |

zweite Reihe: | | | | | |

Zwei verschiedene Reihen mit Stäbchen – mit derselben Anzahl von Stäbchen.

5. Stufe der formalen Denkoperationen (ab ca. 12 Jahren)

Der Jugendliche kann abstrakt denken. Er braucht die Anschauung nicht mehr unbedingt. Er kann theoretische Annahmen bearbeiten und weiterspinnen. Er kann Schlüsse ziehen, die von konkreten Handlungen unabhängig sind.

Im Denken ist er nun ein Erwachsener geworden, auch wenn er noch nicht über all die Erfahrungen des Erwachsenen verfügt.

3.4 Kinderspiel und Kinderzeichnungen – Der Zusammenhang zwischen motorischer und kognitiver Entwicklung

3.4.1 Beispiele für Spielinhalte, Spielorte und Spielmaterialien

▲ *„Mein liebstes Spielzeug ist mein Teddybär, den nehme ich überall mit hin."*

▲ *„Unser Kind spielt am liebsten in der Matsche."*

▲ *„Ich habe als Kind am liebsten „Verkleiden" gespielt. Da konnte ich die alten Kleider von Mutter anziehen und ihre Schuhe mit den hohen Absätzen. Damit bin ich dann durch die Wohnung stolziert."*

▲ *„Mein Papa baut mir in den Ferien ein Handpuppentheater."*

▲ *„Dirk hat nur einen Wunsch: den Leonardo aus der Turtleserie."*

▲ *„Das kleine Wäldchen war für uns Kinder der schönste Spielplatz. Da haben wir immer in einer ganzen Horde zusammen gespielt."*

▲ *„Als Jule zu Weihnachten den Kaufladen bekommen hat, hat sie nur noch 'Verkaufen' gespielt. Sie war die Verkäuferin und wir Erwachsenen mussten bei ihr Einkaufen."*

▲ *„Mein Sohn spielt immer dort, wo ich mich aufhalte."*

▲ *„Mein liebstes Spielzeug war mein Baukasten. Damit habe ich stundenlang gespielt. Manchmal gingen die Straßen, die ich gebaut habe durch die ganze Wohnung."*

▲ *„Ich wünsche mir eine Puppe zum Baden."*

▲ *„Schon als Jens gerade laufen konnte, wollte er immer „Verstecken" spielen. Da hat er sich die Augen zugehalten und glaubte ich könne ihn nicht sehen."*

▲ *„André will immer nur allein im Hause spielen."*

Gruppenarbeit

✗ Erinnern Sie sich an Ihre Kindheit. Welche Spiele haben Sie am liebsten gespielt?

✗ Welche Spielmaterialien und Spielorte hatten Sie?

✗ Vergleichen Sie Ihre Spielerfahrungen mit denen Ihrer Praktikumskinder.

✗ Bringen Sie einige dieser Spiele mit, spielen Sie sie erneut und besprechen Sie ihre Erfahrungen.

3.4.2   Formen und Entwicklung des Spiels

Spielen ist für den Erwachsenen ein erholsamer Zeitvertreib, Ausgleich zu seiner täglichen Arbeit und anderen Pflichten – eine Freizeitbeschäftigung. Aus dieser Sicht fällt es vielen Erwachsenen schwer, Kinderspiel als eine ernst zu nehmende, ja lebensnotwendige Beschäftigung anzusehen.

Wer kleine Kinder beobachtet, wird feststellen, dass für sie alles zum Spiel werden kann: **anziehen, essen, Bus fahren, schlafen gehen**.

Stellenwert des Spiels für das Kind:

> *Das Spielen ist eine aus der Neugierde geborene freiwillige, spontane und lustvolle Auseinandersetzung mit der Umwelt. Es ist die kindgemäße Art sich mit Unbekanntem vertraut zu machen: sehend, hörend, riechend, schmeckend und greifend. (H. Hetzer)*

Erst durch den engen Kontakt, durch Erproben, durch eigene Erfahrungen kommt das Kind zu Einsichten. Diese sind wieder anwendbar, überprüfbar in anderen Situationen. So werden Kinder durch das Spiel befähigt, die Bedeutung der Menschen, Dinge und Ereignisse zu erkennen und sie in ihrem Leben sinnvoll zuzuordnen.

Man unterscheidet verschiedene Spielformen:

····▶ Funktionsspiele,

····▶ Rollenspiele,

····▶ werkschaffende Spiele und

····▶ Regelspiele.

Alle Formen des Spiels bleiben während der gesamten Entwicklung der Kindes aktuell. Die einzelnen Formen erscheinen aber gemäß der motorischen und kognitiven Entwicklung des Kindes in verschiedenen Altersstufen und sind dann unterschiedlich intensiv.

Funktionsspiele sind Spiele, die das Kind aus Freude an der Bewegung, Freude am Material, am Klang, am Tun und an der zufällig bewirkten Veränderung vollführt. Sie werden durch innere Impulse hervorgerufen und sind nicht auf äußere Reize angewiesen. Ihre Basis ist die Funktionslust. Funktionsspiele werden auch Übungs- oder Experimentierspiele genannt.

Funktionsspiele sind bereits im ersten Lebensjahr zu beobachten, wo sie unabhängig vom Material vollzogen werden. Das Kind übt und erprobt seine motorischen Fähigkeiten. Wenn das Kind zu greifen gelernt hat, bezieht es Gegenstände in seine funktionalen Spiele mit ein. Im zweiten Lebensjahr verwendet das Kind diese Gegenstände und Spielmaterialien schon spezifischer.
Z. B. wirft es jetzt nicht mehr nur die Bauklötze im Raum herum, sondern versucht schon, zwei aufeinanderzusetzen. Im 3. Lebensjahr vervollkommnet das Kind diese Fähigkeiten. Es entstehen jetzt ganze Reihen und Türme, das Kind kritzelt auf Papier usw. Später erhalten die Spiele willkürliche Benennungen aufgrund zufälliger Ähnlichkeiten während oder am Ende des Spiels (Symbolstadi-

Rollenspiele sind Spiele, bei denen eine Tätigkeit nachgeahmt oder eine bestimmte Rolle durch das Spiel imitiert und interpretiert wird. Nach dem vollendeten zweiten Lebensjahr beginnt das Kind mit Nachahmungsspielen. Es schiebt z. B. ein Auto und macht dabei Motorengeräusche. Das Kind spielt allein, oft neben dem Erwachsenen oder einem anderen Kind. Erst später ist das Kind in der Lage, mit einem anderen Kind gemeinsam zu spielen.

Im Rollenspiel entwickelt und übt das Kind seine Beobachtungsfähigkeit, die logische Gliederung von Handlungsabläufen, soziale Verhaltensweisen wie Zuhören, Verstehen, Antworten und Kooperieren.

Die folgende Tabelle gibt eine Übersicht über die verschiedenen Stufen des Rollenspiels:

Beispiel 1	Kind schiebt Auto hin und her, macht Brummgeräusche.	Kind lädt sein Auto mit Bauklötzen auf, fährt damit zu einer bestimmten Stelle, lädt ab, fährt zurück.	Mehrere Kinder spielen mit Autos nebeneinander her, benutzen dieselben Straßen.	Kind fährt mit dem Auto zu einem anderen Kind, spricht es als Tankwart an, tankt Benzin.
Beispiel 2	Kind verrührt Sand und Wasser im Kochtopf.	Kind fühlt sich als Hausfrau oder Koch, rührt um, schmeckt ab, versucht, füttert vielleicht die Puppe mit dem Gericht.	Andere Kinder kochen ebenfalls. Jedes füttert seine eigene Puppe.	Eine Frau kocht das Essen für ihren Mann (oder umgekehrt). Sie essen gemeinsam.
Bezeichnung	NACHAHMUNGS-SPIEL	EINFACHES ROLLENSPIEL	KOLLEKTIVES ROLLENSPIEL	SOZIALES ROLLENSPIEL
Beschreibung	Kind ahmt eine Tätigkeit nach, versetzt sich aber nicht in die Rolle einer anderen Person.	Kind spielt eine Rolle und ahmt Handlungen und Handlungsfolgen nach, die zu dieser Rolle gehören und kann dabei Selbstgespräche führen.	Das Spiel einzelner Kinder ist räumlich und thematisch näher gerückt. Die Kinder sprechen sich manchmal an, erwarten aber keine Antwort (kollektiver Monolog).	Das Spiel von mindestens zwei Personen ist aufeinander bezogen. Gespräche finden statt, aber das Hauptgewicht wird auf das Handeln, nicht auf das Reden gelegt. Über Gefühle, Gedanken wird nicht geredet. Soziale Sprache.
Fähigkeiten	Beobachten, Nachahmen von Bewegungen (Pantomime), Nachahmen von Geräuschen.	Differenzierte Beobachtung. Handlungsablauf wird logisch gegliedert (zuerst, danach …). Bewegungen im Raum haben eine bestimmte Bedeutung und sind nicht beliebig auswechselbar.	Kind stimmt seine Bewegungen auf andere Kinder ab, nimmt sie andere Kinder wahr.	Kooperation, Zuhören, verstehen, antworten.

(R. Götte, Weinheim, S. 36)

Plenum

✗ Spielen Sie ausgewählte Rollenspiele der Kinder aus Puppenecke, Bau-
ecke und anderen Bereichen der Gruppe nach. Beschreiben Sie die
Erfahrungen, die Sie damit machen.
Gibt es Unterschiede zu der Spielweise der Kinder?

Werkschaffende Spiele können mit den unterschiedlichsten Materialien gespielt werden (Sand, Papier, Holz, Ton, vorgefertigte Konstruktionsmaterialien
wie Lego, Constri, Nopper). Sie weisen folgende Kennzeichen auf:

····▶ das Produkt wird vor der Erschaffung benannt,

····▶ das Kind arbeitet nach einem vorgefassten Plan,

····▶ das Produkt ist an einigen charakteristischen Merkmalen zu erkennen.

Das werkschaffende Spiel baut auf dem Funktionsspiel auf. Bei ihm wird die
Freude an der Betätigung durch die Freude am Produkt ergänzt.

Einzelarbeit

✗ Sammeln Sie an Praxistagen oder im Praktikum Beispiele für werkschaffende Spiele der Kinder in Ihrer Gruppe.

Regelspiele sind Spiele, die nach vorgegebenen Regeln gespielt werden. Das
Kind braucht genaue Angaben über die Regeln, ihre Ausführung und die Be-
wertung. Es muss die Regeln beachten. sich entsprechend einordnen und bis
zum Ende konzentrieren. Wetteifer, Konzentration und Entscheidungsfähigkeit
werden verlangt.

Einzelarbeit

✗ Beobachten Sie Kinder bei Regelspielen. Sammeln Sie Regelspiele im
Praktikum.

3.4.3 Beispiele für Kinderzeichnungen

3.4.4 Entwicklung der zeichnerischen Fähigkeiten

Mannzeichnungen von Kindern zwischen dem 3. und 12. Lebensjahr (Fischer, 1984)

Bei Erwachsenen herrscht häufig das Missverständnis vor, Kinder sollten „schön" oder „richtig" malen. Fachleute dagegen erkennen in Kinderzeichnungen ein wichtiges Hinweismittel auf den körperlich-seelischen und auch geistigen Entwicklungsstand des Kindes.

Kinderzeichnungen lassen sich unter verschiedenen Gesichtspunkten betrachten:

••••► Kinder können beim Malen ihre Welt, d.h. auch ihre Probleme bewältigen. Kinderzeichnungen haben somit eine **heilende, therapeutische Wirkung.**

••••► Kinder entwickeln beim Gestalten ein Gefühl für Fläche, Form und Farbe. Kinderzeichnungen haben deshalb eine **bildende, ästhetische Wirkung.**

••••► Erfahrene Psychologen entnehmen den Bildern Auskünfte über die seelische Entwicklung des Kindes. Die Zeichnungen können deshalb zu **diagnostischen Zwecken** genutzt werden.

Das Malen ist nicht nur ein wichtiges Ausdruckmittel für das Kind, es ist auch Spiegel seiner kognitiven (geistigen) Entwicklung.

Wie sich an der Entwicklung der Männchen-Zeichnung dokumentieren lässt, wird die Darstellung zunehmend differenzierter. Mit zunehmender Zeichenfähigkeit und detaillierterer Wahrnehmung werden immer mehr Einzelheiten abgebildet.

Die Entwicklung des Zeichnens durchläuft beim Kleinkind drei grundlegende Stadien:

••••► Im so genannten **Kritzelstadium** malt das Kind aus Freude an der Bewegung des Stiftes und an den Spuren, die dieser hinterlässt. In spielerischer Auseinandersetzung erlernt es die wesentlichen Elemente der graphischen Darstellung wie Linie, Spirale, Kreis

••••► Im so genannten **Symbolstadium** erwirbt es die Fähigkeit, diese Elemente zu kombinieren und so Abbildungen zu schaffen, die etwa eine Maus, einen Menschen, einen Baum usw. symbolisieren. In diesem Stadium können gemalte Teile eines Gegenstandes für das Ganze stehen. Die so genannten Kopffüßler-Darstellungen sind hierfür typisch.

••••► In einem dritten Stadium, dem **Darstellungsstadium**, das Kinder etwa mit fünf Jahren erreichen, besteht bereits die Absicht, etwas darzustellen. Kinder zeichnen nun nach bestimmten Themen, erläutern ihr Vorhaben, setzen es um und erzählen zum Teil Geschichten zu ihren Darstellungen.

3.4.5 Merkmale der Kinderzeichnung

Kinderzeichnungen sind gekennzeichnet durch bestimmte Eigentümlichkeiten, die den engen Zusammenhang zwischen kognitiver und feinmotorischer Entwicklung widerspiegeln:

····▶ Kinder wollen zu Papier bringen, was sie wissen. Dies stimmt nicht unbedingt mit dem überein, was sie im konkreten Fall sehen. Es entstehen die so genannten **„Röntgenbilder."** Diese zeigen Menschen mit durchsichtigen Kleidern, so dass man den Bauchnabel sehen kann, oder die Darstellung einer Frau mit dem Baby im Bauch.

····▶ Die **Größenverhältnisse** der abgebildeten Gegenstände entsprechen nicht immer den realistischen Gegebenheiten. Häufig werden besonders die Dinge groß dargestellt, die für das Kind in seiner momentanen Situation wichtig sind. Großes Interesse haben Wissenschaftler in Zusammenhang an Zeichnungen der eigenen Familie. Sie untersuchen, welche Personen klein bzw. groß dargestellt werden, wie die Qualität der Darstellung beschaffen ist, die Bedeutung der Attribute (Kleider, persönliche Kennzeichen), und schließlich ist der Platz aufschlussreich, den das Kind sich selbst gibt.

····► Eigentümlich ist auch die **Raumdarstellung**. Kinder setzen zum Zeichnen des dreidimensionalen Raumes häufig den rechten Winkel an. Bei einer Baumdarstellung werden die Äste und Früchte häufig kreuzförmig an den Stamm gesetzt. Die Dreidimensionalität wird in einer Umklapptechnik wiedergegeben.

3.4.6 Spiel- und Gestaltungsförderung

„Alles, was wir Kinder lehren, können sie nicht mehr selbst entdecken", schreibt Piaget.
Wie sieht das Entdecken im kindlichen Spiel aus?

„Im Sandkasten wird das kleine Kind den Sand zunächst anfassen, herumstreuen, hochwerfen. Dann wird es entdecken, wie man eine Schaufel benutzt. Beim Schaufeln „erfindet" es den Berg und später auch den Tunnel durch den Berg. Vom einfachen Hantieren ist das Kind durch Probieren zum bewussten Gestalten gelangt. Es hat Schritt für Schritt eine höhere Spielqualität erreicht. Auch Spielen vollzieht sich in einer logischen Abfolge vom Einfachen zum Vielfältigen – es wird in diesem Sinn „gelernt."

(Spiel gut Arbeitsausschuss, 1992)

15.000 Stunden spielen gesunde Kinder in den ersten sechs Jahren ihres Lebens. Die Erfahrungen, die sie dabei machen können, sind u. a. abhängig vom Verhalten der Erwachsenen.[1] Bestimmend kann sein, ob die Erwachsenen

••••▶ Platz zum Spielen schaffen,

••••▶ die Kinder so viel wie möglich spielen lassen,

••••▶ das Spiel der Kinder so wenig wie unbedingt nötig unterbrechen,

••••▶ nicht zu viel Spielzeug bereitstellen,

••••▶ die Kinder beim Spiel nicht drängen und treiben,

••••▶ die Kinder selbst versuchen und ausprobieren lassen,

••••▶ das Spiel der Kinder nicht ständig verbessern und kritisieren,

••••▶ ernsthaftes Interesse am Spiel der Kinder zeigen,

••••▶ nicht überschwänglich loben,

••••▶ Gelegenheit zum Alleinspiel geben,

••••▶ gemeinsames Spiel mit anderen Kindern unterstützen,

••••▶ das Eigentum der Kinder respektieren,

••••▶ keinen Unterschied zwischen Spielzeug für Mädchen und Jungen machen,

••••▶ das tägliche Aufräumen nicht zur Tragödie werden lassen.

Schaffen Sie Platz zum Spielen?
Kleinkinder brauchen beim Spielen die Nähe eines vertrauten Menschen. Ein eigenes Zimmer wird erst später geschätzt. Deshalb müssen Kinder auch im Wohnzimmer und in der Küche spielen dürfen und können. Sie brauchen dort einen Platz, wo sie ungefährdet und ungestört sind. Und wo sie auch nicht dauernd aufräumen müssen, weil Besuch kommt, oder weil der Platz für anderes gebraucht wird. Der Esstisch ist daher nicht gut geeignet. Aber auch größere Kinder brauchen mehr Spielraum als ihnen in den Normal-Kinderzimmern zur Verfügung steht. Spielfreundliche Eltern begnügen sich zum Schlafen mit dem kleineren Zimmer und überlassen den Kindern ihr größeres Schlafzimmer.

---

[1] *(Eine praktische Broschüre für die alltägliche Arbeit ist:*
Gutes Spielzeug von A-Z, Ratgeber für Spiel und Spielzeug; SPIEL GUT – Arbeitsausschuss Kinderspiel + Spielzeug e.V.
Zu beziehen ist das Büchlein bei:
Spiel gut – Arbeitsausschuss Kinderspiel + Spielzeug e.V., Geschäftsstelle, Heimstr. 13, 89073 Ulm.

3.5 Entwicklungsverzögerungen und „auffälliges" Verhalten

Nicht immer gelingt die Entwicklung. Es gibt Umstände, die eine normale Entwicklung des Kindes infrage stellen und mehr oder weniger stark behindern können. Die Hintergründe für solche ungeplanten Probleme sind meist nicht einfach zu benennen oder herauszufinden. Psychologen oder Psychotherapeuten beschäftigen sich damit. Nicht immer schaffen es Eltern, Kinderpflegerinnen oder Erzieherinnen, die Probleme zu lösen, die sie in ihrer Gruppe vorfinden. Dann sollten Sie **eine Psychologische Beratungsstelle** aufsuchen. Solche Beratungsstellen werden von Städten, Landkreisen oder Kirchen sowie von anderen Institutionen geführt. In der Regel ist ein Besuch kostenlos. Deshalb sollte das Angebot genützt werden.

Manchmal – nach einer Einladung und der Erlaubnis der betroffnen Eltern - besuchen Therapeuten aus den Beratungsstellen den Kindergarten, um in schwierigen Situationen zu helfen. Sie beraten Kinderpflegerinnen und Erzieherinnen, wie man mit einem bestimmten Kind umgehen könnte, um dessen Situation zu verbessern. Die Telefonnummer der nächsten Beratungsstelle sollte man immer parat haben!

Verzögerungen in der Entwicklung

Ein Beispiel für die verzögerte Entwicklung ist der Umstand, dass ein Kind hinsichtlich seiner Sprachentwicklung dem Altersdurchschnitt nicht entspricht. Häufig erkennt man das, wenn man ein wenig Berufserfahrung hat. Aber man kann auch nachschlagen, was das Kind in einem bestimmten Alter an sprachlichen Äusserungen beherrschen sollte. In diesem Fall hat ein Kind das nicht gelernt, was die meisten Kinder seines Alters bereits können. Will man dem Kind helfen, sollte man Sprachförderung betreiben oder – falls das zu schwierig ist – die Eltern animieren, eine Beratungsstelle aufzusuchen.
Verzögerungen könnten sein:

····▶ verzögerte Sprachentwicklung

····▶ Albernheiten: Das Kind hat ein übersteigertes Geltungsbedürfnis und kommt damit schwer zurecht, sich in die Gruppe einzugewöhnen (H. Trapmann/G. Liebetrau/W. Rotthaus, Dortmund 1971). Es hatte u. U. keine geeigneten Spielkameraden – oder gar keine, zu wenig Zuwendung oder das Gefühl des Nichtangenommenseins. In diesem Falle benötigt es diesen Kontakt mit Gleichaltrigen dringend!

····▶ Bettnässen: Kinder mit 5 oder 6 Jahren nässen noch ein. Einige Psychologen sagen: Sie haben es nicht gelernt ihre Blase zu kontrollieren. Meistens jedoch stecken weitere Probleme dahinter, die von Psychologen oder Psychotherapeuten untersucht werden sollten. Die Aussichten für die erfolgreiche Behandlung des Bettnässens sind heute durchaus günstig.

Störungen in der Entwicklung

Sie sind schwer zu beschreiben – schon gar nicht vollständig. Auch gibt es dazu keine einheitlichen Meinungen. Schon der Begriff „Störung" stellt uns vor die schwere Aufgabe, den Sachverhalt (der Störung) befriedigend zu beschreiben.

Störungen können daraus resultieren,

····▶ dass ein Kind zu wenig Zuwendung erhält, wenig beachtet wird,

····▶ dass seine Grundbedürfnisse zu wenig beachtet werden:
z. B. das Bedürfnis nach Bewegung und angemessener Ernährung,

····▶ dass einem Kind zu wenige Anregungen geboten werden
(siehe Kapitel 2),

····▶ dass ein Kind zu wenig gepflegt wird – es wird schlecht versorgt
und verwahrlost,

····▶ dass ein Kind zu viele Reize verkraften muss (z. B. zu lange fernsehen;
siehe dazu Kapitel 1) oder dass es mit fortwährenden Streitereien und
Konflikten der Eltern konfrontiert wird.

Kinder, die mit den oben beschriebenen Schwierigkeiten zu tun haben, können in der Regel niemanden fragen, sie können sich an niemanden wenden, der sie unterstützen könnte. Das macht ihre Situation manchmal auswegslos! Aus der Not können sich vielerlei Verhaltensstörungen entwickeln.

Aggressives Verhalten (Gewalttätigkeit)

Zuerst wollen wir uns mit der Entstehung von Gewalt auseinandersetzen, wie sie sich in verschiedenen Theorien widerspiegelt. Dazu eine Grafik:

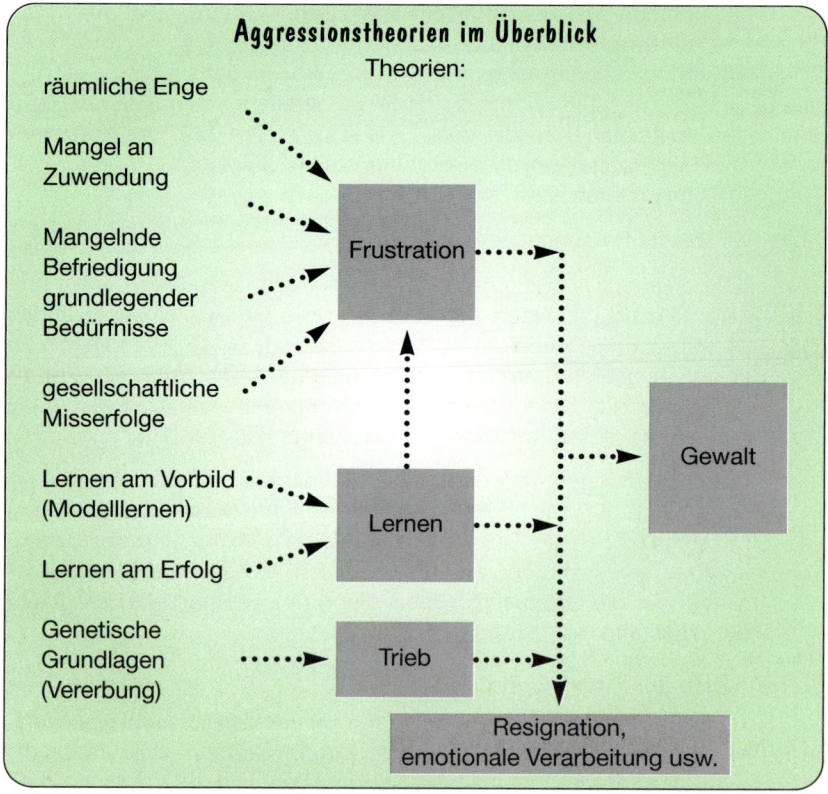

Aus der Grafik lassen sich folgende Behauptungen erschließen:

····▶ **Verschiedene Frustrationen können zur Gewalttätigkeit führen –** müssen aber nicht (Dollard u.a.; 1939/1972). Verschiedene Umstände können sich zu Frustrationen entwickeln. **Frustrationen sind Misserfolgserlebnisse; sie sind verletzend oder beängstigend und machen sich manchmal in gewalttätigem Verhalten (Aggression) Luft.** Ist die Aggression verwirklicht, kommt es in der Regel zu einer vorübergehenden Beruhigung.

····▶ Hat ein Kind **aggressive Vorbilder oder ist es mit Gewalt erfolgreich,** kann es ebenfalls zur Gewalt oder zur Verfestigung gewalttätiger Verhaltensweisen kommen. In diesem Falle sagt man: **Aggressives Verhalten wird erlernt!** Aggressive Vorbilder gibt es im Fernsehen, es können aber auch die Erzieherinnen oder Eltern sein. Findet eine Gruppe gewalttätiges Verhalten interessant und attraktiv, kann das Verhalten **leichter** erlernt werden. Dann wird dieses Verhalten gefördert, denn **die Kinder haben Erfolg damit. Aber auch Erzieherinnen und Eltern können aggressives Verhalten fördern,** indem sie es interessant finden, wenn sich zum Beispiel die Jungen schlagen und prügeln. („So schlag doch auch drauf!").

····▶ Der Psychoanalytiker S. Freud und der Verhaltensforscher K. Lorenz sind der Auffassung, dass aggressives Verhalten mindestens auch auf einen **Aggressionstrieb** zurückgeht, der im Organismus des Menschen (und vieler Tiere) erblich verankert ist. Neuerdings diskutiert man z.B. die Frage: **Ist Aggressivität vorwiegend männlich?** (Kersten, J., Weinheim 1996) Es scheint ziemlich eindeutig zu sein, dass die Aggressivität bei Männern wesentlich stärker ausgeprägt ist als bei Frauen. Ob es dabei aber um Vererbung geht, konnte man bisher noch nicht eindeutig feststellen.

Aus den Theorien ergeben sich unterschiedliche Vorstellungen darüber, wie man mit **aggressivem Verhalten** umgehen soll:

····▶ Rein theoretisch könnte man die Anzahl der Frustrationen vermindern, um aggressives Verhalten abzubauen. Das mag in vielen Fällen richtig sein. Andererseits kennt man in der Psychotherapie auch die Möglichkeit, erlebte Frustrationen emotional und mit dem Verstand (rational) zu bearbeiten. Das ist besonders deshalb angebracht, weil viele Frustrationen in der Kindheit entstehen, z.B. mangelnde Befriedigung der Grundbedürfnisse: Liebesentzug durch Eltern, schlechte Pflege in der frühen Kindheit usw. (siehe dazu Kapitel 2 dieses Buches).

····▶ **Falls Aggression erlernt wurde, müsste sie wieder „verlernt" werden.** Der Erfolg nach aggressivem Verhalten muss weggenommen werden. Das Kind sollte nicht mehr das Gefühl haben, dass aggressives Verhalten beachtet und als attraktiv empfunden wird – sowohl von der Gruppe als auch von den Erwachsenen. Der Wegfall aggressiver Vorbilder ist in der heutigen Zeit schwer zu arrangieren. Interessant in diesem Zusammenhang ist die Möglichkeit, Kinder mit spielerischen und künstlerischen Mitteln die Aggression bearbeiten zu lassen.

Ursula Nuber, die mit schwierigen Kindern in München gearbeitet hat, sagt: **„Wer singt, prügelt sich nicht."** (U. Nuber, Weinheim 1999). Frau Nuber hat mit den Kindern Theater gespielt, gesungen und gruppendynamisch gearbeitet. Damit hat sie den Kindern geholfen, ihr Verhalten verantwortlich für die Gruppe zu gestalten statt aggressiv zu sein. Im Zusammenhang mit Aggression steht häufig ein mangelndes Vermögen, sich auszudrücken oder gar die Sprachlosigkeit in verschiedenen sozialen Situationen. Dann wäre es die Aufgabe der Erziehung, den Kindern die Möglichkeit zu vermitteln sich auszudrücken und angemessen zu sprechen. Auch dies hat Ursula Nuber sehr schön gezeigt. Sprachlose Kinder und Jugendliche lernten sich auszudrücken, sich selbst darzustellen und sich selbst zu realisieren – verbunden mit einem deutlichen Abbau des aggressiven Verhaltens. Im Kindergarten gibt es viele solcher Möglichkeiten mit Theater, Spielen und Rollenspielen.

····▶ **Ist die Aggression in uns tatsächlich als Trieb vorhanden, muss man Möglichkeiten und Regeln finden damit umzugehen.**

Mangel an Konzentration

Eine häufige Erscheinung! Kinder können sich nur schwer oder über mehrere Minuten mit einem Spiel, in der Puppenecke oder mit einem Buch beschäftigen. Kaum haben sie die eine Sache ins Auge gefasst, schon sind sie wieder bei der nächsten. Gruppenarbeit wird damit behindert, weil solche Kinder gern stören und andere in der Gruppe beeinträchtigen.

Heute weiss man, dass man Aufmerksamkeit genauso lernen muss wie viele andere Kulturtechniken (Lesen, Schreiben) auch. Will man den Kindern helfen, sollte man daran arbeiten, den Konzentrationsmangel langsam abzubauen durch gezieltes Spielen und durch herbeigeführte Beschäftigungen, an denen das Kind Spaß hat. Freude an einer Tätigkeit vermitteln heißt gleichzeitig dem Kind helfen sich zu konzentrieren. In der Regel muss man Geduld haben – und Zeit, denn eine Verbesserung stellt sich meist nicht in 2-3 Tagen ein.

Mit den Eltern darüber zu sprechen kann die Arbeit mit dem Kind verbessern oder unterstützen. Der intensive Fernsehkonsum ist heute ein häufiger Grund für Konzentrationsmangel, aber mangelnde Zuwendung und andere Probleme des Kindes können eine Rolle spielen. Das Problem sollte bis zum Schuleintritt des Kindes gelöst sein.

Häufig wird Konzentrationsmangel über **Ängste** entwickelt, die beim Fernsehen entstanden sind, die danach aber nicht durch Gespräche und Kontakte mit Eltern oder Erzieherinnen abgebaut wurden. Heutzutage sind nicht bearbeitete oder verarbeitete Ängste ein sehr wichtiger Hintergrund für Konzentrationsschwächen, denn Kinder werden beim unkontrollierten Fernsehkonsum mit vielen Angstsituationen konfrontiert, die in den meisten Fällen nicht bearbeitet werden können, weil Kinder in der Regel allein vor dem Fernsehapparat sitzen. Nicht immer sind es Filme für Erwachsene, die dabei eine Rolle spielen. Auch Kinderfilme können Ängste erzeugen.

Die Landesarbeitsstelle Bayern der „Aktion Jugendschutz" (Adresse im Literaturverzeichnis) hat in der Schrift **„Alles auf Empfang"** Möglichkeiten aufgezeigt, wie man mit Ängsten der Kinder vor dem Fernsehapparat umgehen kann – auch in Verbindung mit Elternarbeit. Dazu zwei „Fallstudien." Doch zuvor einige Hinweise zur kindlichen Wahrnehmung von Jan-Uwe Rogge:

■ Ein Kind nimmt das wahr, was ihm subjektiv wichtig ist und was es auf dem Hintergrund seiner Erfahrungen interpretieren kann. Das kann gelegentlich zu Irritationen bei Erwachsenen führen.

■ Kinder sind keine passiven Empfänger, sondern sie wählen **aktiv** aus, übersehen Aspekte, fügen anderes hinzu und entdecken viele Einzelheiten. Sie bringen in das Geschehen ihre Alltagserfahrungen ein und verarbeiten dadurch auch gleichzeitig diese Erfahrungen.

■ Für Vorschul- und Grundschulkinder führt der Begriff von Dingen und Ereignissen über den direkten Kontakt, die unmittelbare Berührung, das Begreifen. Deshalb ist die direkte Erfahrung, das Handeln und Begreifen für sie vorrangig. Sie können aus dem Fernsehen deshalb nicht unmittelbar lernen, sondern nur das vertiefen, was sie schon kennen. Von daher können Medien für Kinder immer nur die direkten Erfahrungen ergänzen und unterstützen. Das hat für die Auswahl von Sendungen Bedeutung. Zum einen, welche Erfahrungen suchen die Kinder darin, die ich als Erwachsener nicht genügend wahrnehme? Zum anderen welche Erfahrungen meines Kindes will ich durch die Sendungen vertiefen und welche nicht?

■ Wenn Kinder medienpädagogisch unterstützt werden, ist es wichtig, nicht **gegen** ihre Form der Medienrezeption zu arbeiten, d.h. sie möglichst schnell zu „kritischen" und rationalen Rezipienten machen zu wollen, sondern die Kreativität und Produktivität, d.h. die Bedürfnisse nach Action, Klamauk, nach Spannung und Entspannung, nach Gefühl und Wärme aufzugreifen.

Das bedeutet für den Entwicklungsstand des Kindes im Kindergarten etwa (Rogge, Hannover 1990):

Für die **Bildwahrnehmung** gilt, dass Kinder nie das gesamte Bild abtasten: sie besitzen keinen ganzheitlichen Eindruck und Ausdruck des Bildes. Vielmehr steuert die eigene Alltags- und Welterfahrung die Bildaneignung, soll heißen: Die Bildbetrachtung des Kindes ist zufällig, wenig systematisch, orientiert an eigenen Vorerfahrungen. Kinder suchen sich die Einzelheiten heraus, die sie kennen, die ihnen bedeutsam erscheinen, die Erleben, action und thrill versprechen. Generell braucht das Vorschulkind viel Zeit um ein visuelles Angebot aufzunehmen.

Zweifelsohne hängt die Wahrnehmung eng mit der Sprachentwicklung zusammen. Sprache bezieht sich auf Wahrnehmung, orientiert sie, verleiht dem Gesehenen Bedeutung. Gleichwohl verselbstständigt sich die Sprache immer mehr von der Wahrnehmung, die Sprache bekommt abstrakte Gehalte. Doch bleibt das Kind nach wie vor auf erlebte Situationen angewiesen. Ein neuer Begriff wird nur verständlich, wenn er sich auf nachvollziehbare Erfahrungen bezieht. Von daher sind Lernprozessen, die allein durch bzw. über das Fernsehen eingeleitet werden, enge Grenzen gesetzt.

Fallstudie

Sabrinas Vorliebe für „Heidi"

„Ich hab' da eine Heidi-Kassette, die sehe ich immer wieder mit einer Freundin an", erzählt Sabrina, „vor allem die Stellen, in denen sie in den Keller gesteckt werden soll, da, wo die Heidi immer ganz doll Angst hat, diese Stellen, die spannend sind. Diese Stellen lassen wir auf dem Recorder immer wieder zurücklaufen, dann sehen wir uns das noch einmal an und dann sagt meine Freundin 'nochmal' und dann sehen wir uns das nochmal an. Und wir sitzen dann ganz eng beieinander und haben dann einen richtigen Hass auf die dumme Kuh, die Hexe."

Gruppenarbeit

✗ Welche Gründe haben die beiden Mädchen dafür, dass Sie sich diese Stelle immer wieder anschauen?

✗ Haben Sie bei Ihrem Kind auch schon so ein Verhalten beobachtet?

✗ Wie haben Sie darauf reagiert?

Fallstudie

Stefans Spaß an „Tom & Jerry"

Stefan sagt: „Tom & Jerry finde ich echt stark. Da kriegt der Große immer was auf die Fresse. Leider ist das nur im Film so… Das ist doch nur lustig. Da ist doch was los. Ist doch richtig, wenn die Maus gewinnt. Wenn die eben klüger ist. Aber ich denk' mir, die vertragen sich doch auch. Das ist doch mehr wie Spiel und nicht Ernst… Meine Eltern schimpfen, weil ich das so gern seh'. Aber die verstehen das nicht… Angst hab' ich nur vor Gespenstern oder so Tiermenschen, weil's die wirklich gibt, sagt mein Vater, die holen mich, wenn ich was ausgefressen hab'."

Gruppenarbeit

✗ Weshalb macht die Sendung Stefan so viel Spaß?

✗ Haben Sie es bei Ihrem Kind auch schon erlebt, dass es an einer Sendung Spaß hatte, die Sie unmöglich finden?

✗ Wie reagieren Sie darauf, wenn Ihr Kind eine solche Sendung sehen will?

Helga Theunert (Berlin 1992, S. 198 f.) fasst zusammen, was Kinder im Fernsehen als angsterzeugend empfinden:

Jedes Kind hat sein eigenes Gewaltverständnis und eine persönliche Schwelle, ab der es Gewaltdarstellungen nicht mehr erträgt und verarbeiten kann. Angstauslösend können zahlreiche Faktoren sein […] Verallgemeinernd ist aber für fast alle Kinder die Schwelle überschritten, wenn

■ „Gewalthandlungen mit drastischen, sichtbaren Folgen verbunden sind, sie die Situation der Opfer nachempfinden und mit ihnen mitleiden können. Solche Bilder bleiben ihnen nachhaltig im Gedächtnis, auch wenn sie nur Ausschnitte gesehen haben.

■ Gewalthandlungen von ihrer Art und ihrem Kontext her die Kinder an die Realität erinnern oder sie die Realitätsnähe auch nur vermuten. Der Rückzug auf das Fiktive der medialen Darstellung gelingt ihnen dann auch bei harmloseren Formen von Gewalt nicht mehr.

■ Gewalthandlungen in mysteriöse Kontexte eingebettet sind, für die Kinder keine Erklärung haben. Dieses 'Unbegreifliche' führt bei Kindern ausnahmslos zu Angstreaktionen. Solche Bilder bleiben auch über lange Zeit in ihren Köpfen und verlieren nichts von ihrem Schrecken."

Jan-Uwe Rogge (Hannover 1990, S. 31 f.) gibt Eltern Tipps zum Thema Fernsehen:

Tipp 1: Fernsehverbote
Fernsehverbote helfen in der Regel wenig, sie führen eher zu einem Machtkampf zwischen Eltern und Kindern, fördern kindliche Widerstände und Proteste. Fernsehverbote haben in der Regel keinen Rückgang des Fernsehens zur Folge, sie fördern eher ausweichende Handlungen, z. B. heimliches Fernsehen bei Freunden, Nachbarn oder Großeltern.

Tipp 2: Tagesablauf
Das Fernsehen ist in den **kindlichen Tagesablauf** einzupassen. Die Fernsehdauer ist im Hinblick auf die sonstigen Freizeitaktivitäten abzustimmen. Medien sind notwendige, aber nur ergänzende Freizeitaktivitäten. Das Bedürfnis der Kinder nach dem Fernsehen wird umso geringer, je intensiver ein Kind alternative Freizeitangebote nutzen kann.

Tipp 3: Standort
Der Fernseher sollte nach Möglichkeit so platziert sein, dass ein fernsehendes Familienmitglied nicht alle anderen in seine Handlung mit einbezieht. Vielleicht gibt es Möglichkeiten, dass das Fernsehgerät nicht **am zentralsten Kommunikationsort** in der Wohnung platziert ist.

Tipp 4: Auswahl
Kinder sollten sich ihre Sendungen **am Anfang der Woche** aussuchen dürfen, falls das Bedürfnis nach Fernsehen besteht. Dabei müssen die Anzahl der Sendungen sowie die Genres ausgehandelt werden. Das Ergebnis sind Abmachungen, an die sich sowohl die Kinder als auch die Eltern zu halten haben. Die Anzahl der Sendungen sowie die Genres hängen vom Alter der Kinder, aber ebenso von den Verarbeitungskapazitäten oder den zur Verfügung stehenden Alternativangeboten ab. Zum bewussten Umgang mit dem Fernsehapparat zählt auch, dass die Kinder lernen, den Ausknopf zu bedienen. Dies setzt allerdings elterliche Disziplin bei ihrem eigenen Ausschalten voraus.

Tipp 5: Druckmittel
Der Fernseher sollte **weder als Belohnung noch als Strafe** eingesetzt werden, denn dadurch erhält das Fernsehen einen besonderen Stellenwert. Es ist zudem kein Babysitter. Allerdings wird es – wie die Erfahrungen zeigen – häufig so verwendet.

Tipp 6: Gemeinsamkeit
Kinder sollten nach Möglichkeit nicht alleine fernsehen. Größere Kinder sehen dagegen nur sehr ungern mit den Müttern fern, da sie von den Kindern meist als Aufpasser empfunden werden. Sie wünschen sich vor allem **Gleichaltrige** als Sehpartner, weil sich Gleichaltrige oder Freunde besser einfühlen können als Erwachsene.

Tipp 7: Gespräch
Ein Gespräch über das kindliche Fernsehen sollte auf Drohungen, Moralisieren, Ausfragen oder Nicht-Ernstnehmen verzichten. Es sollte aus der Sicht der Eltern nur in Ich-Botschaften („**Ich** mag nicht …") ablaufen. Verallgemeinerte Botschaften („So etwas sieht **man** nicht.") oder Belehrungen („Was siehst du da wieder für einen Schwachsinn?") erzeugen Widerstand und Aggression.

Tipp 8: Verarbeitung
Kinder sehen anders als Erwachsene und gehen anders mit dem Fernsehen um: Sie versuchen schneller, das Gesehene durch **Mimik und Gestik zu verarbeiten.** Unabdingbar ist, solche Verarbeitungsprozesse während des Sehens nicht zu unterbinden. Häufig erziehen Erwachsene ihre Kinder zum Stillsitzen vor dem Fernsehapparat, was aber einer angemessenen Verarbeitung zuwiderläuft. Kinder brauchen eigene Aktivität vor dem Fernseher um dadurch Ängste, Aggressionen und Spannungen abzubauen.

Tipp 9: Nachbereitung
Kinder brauchen Zeit zur **Nachbereitung.** Diese ist genauso wichtig wie die Sendungsauswahl. Die Zeitdauer hängt allerdings sowohl vom jeweiligen Kind als auch davon ab, in welcher Weise das zuschauende Kind von der Sendung emotional berührt worden ist. Vermeiden Sie das **Aus- und Abfragen der Kinder im Anschluss an eine Sendung.** Sie sollten vielmehr warten, bis die Kinder von sich aus das Gespräch anbieten. Hierbei ist das aktive Zuhören das oberste Gebot.

Tipp 10: Gefühlsmäßige Einflüsse
Es gibt **keine einflusslosen Fernsehsendungen für Kinder.** Für die Auswirkungen ist nicht allein entscheidend, was eine Sendung dem Kind bringt, sondern bedeutsam sind die Alltags- und Medienerfahrungen, die ein Kind in die Nutzung von Fernsehsendungen mitbringt. Deshalb können Ängste, Verunsicherung oder Betroffenheit auch von solchen Sendungen ausgehen, die Erwachsene möglicherweise als wenig problematisch einschätzen.

Lügen

Dazu gibt es unterschiedliche Sichtweisen.
Die moralische Sichtweise: Das Kind sagt die Unwahrheit.
Die entwicklungspsychologische Sichtweise: Das Kind hat Probleme, die Wirklichkeit von der Fantasiewelt zu trennen. Dann behauptet es etwas, woran es u. U. fest glaubt, was aber nur in seiner Fantasie existiert. Verhält es sich so, dann haben wir keinen Anlass, beunruhigt zu sein.

Mit der Entwicklung wird sich das Problem in Wohlgefallen auflösen. Ist aber die Lüge die Folge aus einer harten und strengen (autoritären) Erziehung, sollten sich die Erziehenden fragen, was sie besser machen können. Werden Kinder häufig bestraft, weichen sie u. U. mit Lügen aus – sie wollen nicht „ertappt oder erwischt" werden. Damit wäre **Lügen** eher das **Problem der Erwachsenen,** die zu hart strafen.

P. Köck und H. Ott (Donauwörth 1997, S. 456) merken dazu u. a. an:
„Für die Reaktion auf Lügen von Kindern ist es bedeutsam, ob die Kinder von ihrem Entwicklungsstand her zwischen Wirklichkeit und Fantasiewelten unterscheiden können, und welche Motive sie zur Lüge als Mittel der Wirklichkeitsbewältigung greifen lassen, der sie sich anders offenbar nicht gewachsen fühlen. Der so genannte notorische Lügner lässt auf Störungen in der Persönlichkeitsentwicklung meist aufgrund von Fehlerziehung (z. B. übermäßige

Strenge) schließen, der an krankhafter Lügensucht (Pseudologie) Leidende lebt in einer durch erfundene Erlebnisse verzerrten Halbwirklichkeit, die er selbst für wahr hält."

Der erziehende Erwachsene sollte also bei sich selbst anfangen zu fragen: Was ist an meiner Erziehung falsch? Was sollte ich ändern? Werde ich dem Kind in seiner Entwicklung gerecht?

Trotz

Das Kind widersetzt sich und bleibt stur bei seiner Auffassung – manchmal auch heftig und lautstark. Es schlägt gezielt eine Tür zu, dass es knallt, es brüllt die Eltern ärgerlich an, es wirft heftig Spielzeug durchs Zimmer. **Trotz** ist der Versuch des Kindes, sich selbst gegenüber einem starken Erwachsenen, auch gegenüber Freunden oder Spielkameraden, zu behaupten.

Früher hat man darauf geschworen, den Trotz zu „brechen." Man sprach vom **„Trotzalter"** zwischen 3-5 Jahren, weil viele Psychologen und Pädagogen der Auffassung waren: Trotz ist eine natürliche Erscheinung, die sich unabhängig von der Erziehung bei jedem Kind einstellt.

Heute neigt man eher zu der Auffassung, dass Trotz von der Erziehung mindestens mitverursacht wird und dass man Trotzäusserungen sanft und mit Verständnis gegenübertreten sollte. Hierbei spielt die Einsicht eine Rolle, dass Kinder die **Möglichkeit haben sollten, ihren eigenen Willen zu entwickeln.** Ähnlich wie bei aggressivem Verhalten macht man Trotz durch zu viel Aufmerksamkeit interessant:

····► Regen sich die Eltern auf, wird das Kind in gewisser Weise in seinem Verhalten bestärkt; reagieren sie kaum und verhalten, wird der Trotzanfall wenig attraktiv sein.

····► Strafen macht den Trotz interessanter. Man wird sich damit abfinden müssen, dass Trotzanfälle an der Tagesordnung sind, wenn ein Kind seine Interessen nicht wahrnehmen kann, seien sie berechtigt oder unberechtigt.

····► Andererseits ist der Trotzanfall in der Kindergartengruppe weit schwieriger zu „behandeln" als zu Hause. Hier wird das Gruppenleben entscheidend beeinflusst; ein Kind, das trotzt, ist für andere ein Beispiel (Lernen am Vorbild). Trotzdem empfiehlt es sich, ruhig zu bleiben – aber auch entschlossen zu handeln, wenn jüngere Kinder darunter leiden.

Ein Trotzanfall geht in der Regel schnell vorüber. Nach dem Trotzanfall läßt es sich meist gut verhandeln! Nach Auffassung einiger Psychologen sollen Trotzanfälle zwischen 3-4 Jahren häufiger vorkommen als in anderen Altersstufen. Trotzverhalten ist ein relativ wenig strukturiertes und durch Gefühle geprägtes Verhalten. Wird das Kind älter und lernt, sich in sozialen Situationen verbal zu behaupten und darüber hinaus auch noch überlegt und differenziert zu verhalten, werden Trotzanfälle immer weniger wahrscheinlich. **Deshalb ist es von großer Bedeutung, wenn man dem Kind in der Erziehung Selbstbewusstsein/Selbstwertgefühl vermittelt. Ein selbstsicheres Kind hat wenig Anlässe „auszuflippen" oder „durchzudrehen."**

Fremdeln, Schüchternheit, Ängstlichkeit

Kinder, die neu in den Kindergarten kommen, sind häufig ängstlich und zurückhaltend. Sie weinen oder warten still darauf, dass sie abgeholt werden. In der Regel vergeht diese Haltung mit der Zeit. Sie gewöhnen sich daran, von den Eltern getrennt zu sein, weil sie irgendwann erfahren: Ich werde immer wieder abgeholt.

Doch es gibt auch Kinder, die das Problem länger haben. Ihnen sollte man helfen, sich an das Gruppenleben zu gewöhnen, denn gerade sie benötigen den Umgang mit den Gleichaltrigen. Langsam sollte man sie an die schönen Seiten des Kindergartens heranführen; dabei sollte man sanft, einfühlsam und verständnisvoll vorgehen – ohne Hast und ohne dabei Druck auszuüben. In der Regel wird sich das Problem in dieser Weise lösen lassen.

Partnerarbeit

✗ Sprechen Sie mit Praxisanleiterinnen. Fragen Sie sie, mit welchen Problemen sie in ihren Gruppen zu tun haben.

✗ Fragen Sie sie auch, wie sie damit umgehen.

4 Das Handeln in der Erziehung

Szenario

Anastas (5 Jahre alt)

tobt mit einigen Spielkameraden auf dem Spielplatz nahe am Haus, in dem er mit seiner Mutter wohnt. Es ist Sommer, wunderschönes „Spielwetter" und die Stimmung unter den Kindern ist sehr gut.

Nun ist es bereits 19.00 Uhr. Die Mutter ruft: „Es ist sieben Uhr, Anastas! Kommst du zum Essen?"

Anastas hatte vergessen, was seine Mutter mit ihm ausgemacht hatte. Es ist zudem ganz ärgerlich, da er einfach weiterspielen will. Die anderen sind alle jünger als er; keiner von ihnen muss jetzt schon nach Hause. Hunger hat er schon gar nicht.

So sagte er zu seiner Mutter. „Mama, ich will aber noch spielen!"

Die Mutter ist bereit, ihm noch ein paar Minuten zu gestatten: „Na, gut! Aber in einer Viertelstunde kommst du!"

Anastas sagt verträumt: „Jaja!" Dann rennt er zu einem anderen Kind.

Um 19.15 Uhr hat Anastas vergessen, was Mutter ihm gesagt hatte. Das Spiel ist spannend. Vor allem die Rutsche gefällt ihm heute ausgezeichnet. Da kann er den Kleineren zeigen, was er schon alles kann. Er rutscht nämlich mit dem Kopf nach vorne die Bahn hinunter. Die kleine Melanie (3 Jahre) steht da und staunt, wenn Anastas rutscht. Sie mag ihn.

Aber die Mutter erscheint wieder, als er gerade oben auf der Rutsche sitzt. Sie sagt: „Anastas, wir hatten eine Viertelstunde ausgemacht! Kommst du jetzt bitte? Ich möchte mit dir essen."

Anastas versucht es noch einmal: „Mama, es ist so schön! Die anderen müssen auch nicht nach Hause. Ich muss immer zuerst! Das will ich nicht!"

Aber die Mutter sagt: „Komm bitte!"

Anastas zögert noch. Mutter schaut ihn an. Ganz langsam und mit hochrotem Kopf steigt er rückwärts die Treppe hinunter; er rutscht nicht. Mutter weiß, dass er wütend ist, sehr wütend. Sie geht schon. Ihr Sohn kommt hinter ihr her, kommt näher, geht jetzt dicht hinter ihr. Dann sagt er laut – alle Kinder hören es: „Arschloch!" Dann noch einmal – und noch einmal. Vor der Haustüre sagt er es erneut.

Sie gehen hinein. Mutter war ruhig geblieben. Sie erklärt ihm dann noch einmal, wie sie es schon oft gemacht hat, aus welchem Grund sie nun mit ihm zu Abend essen will.

Anastas ist immer noch wütend und geht auf sein Zimmer zu. Dann knallt die Türe sehr laut hinter ihm zu.

Birgit (4 Jahre)

sitzt mit ihren Eltern und Oma zu Hause beim Essen. Sie sind beim Nachtisch angelangt: Schokoladenpudding. Es schmeckt sehr gut. Birgits Vater ist mit dem ersten Teller Nachtisch fertig und möchte sich noch einen Löffel aus der Schüssel nehmen. Birgit ist wachsam:

„Ich will aber auch noch!", sagt sie bestimmt.

„Natürlich kriegst Du noch was", sagt ihr Vater. „Aber du schaffst doch nicht mehr die ganze Schüssel, Birgit."

Birgit aber bleibt am Ball: „Schon!", sagt sie: „Schaff ich schon! Du sollst warten, Papa!"

Birgits Ton ist etwas lauter geworden.

Vater sagt freundlich zu ihr: „Ich nehme mir nur einen Löffel!"

„Nein!", ruft Birgit, „Du sollst nicht!"

„Aber Birgit, du wirst doch satt. In der Schüssel ist noch für alle genug!"

Nun schreit Birgit: „Ich will auch noch Pudding. Papa, du sollst nicht nehmen."

Vater nimmt sich einen Löffel auf den kleinen Teller und beginnt zu essen.

Birgit haut ihren Löffel auf den Teller, dass er in Scherben fällt. Glas und Nachtisch liegen jetzt auf dem blauen Tischtuch. Birgit ist verdutzt, dann aber steht sie auf, trampelt lautstark in Richtung Türe und stapft aus der Küche. Dabei ruft sie: „Blöder Papa! Blöder Papa!" Sie schnauft dabei erregt.

Oma ist erschüttert: „Aber Birgit, das darf man doch nicht sagen!" Mutter und Vater aber lächeln.

Welche Ziele verfolgt man, wenn man sich mit Kindern auseinandersetzt?

Wie verhält man sich gut? War es angebracht, wie man sich dem Kind gegenüber verhalten hat?

Schließlich und endlich will man, dass das Kind durch unsere Bemühungen weiterkommt. Aber wie mache ich das?

Damit sollen Sie sich nun beschäftigen.

Einzelarbeit

✗ Schildern Sie Situationen aus dem Praktikum oder von Praxistagen, in denen Sie nicht wussten, was richtig und falsch ist oder wie Sie sich verhalten sollten.

4.1 Beim Lernen helfen

4.1.1 Beispiele

▲ *„Weil ich immer mit der Flöte der Erzieherin im Kindergarten spielen durfte, interessiere ich mich heute für Musik. Denn meine Eltern empfinden nix bei Musik!"*

▲ *„Meine Mutter wurde nie nervös, wenn ich mit 4 Jahren noch in die Hose machte. Ich drängle meine Kinder auch nicht. Die lernen das schon, wenn es Zeit ist!"*

▲ *„Mein Vater sah mir immer zu, wenn ich malte. Und anfangs war das alles andere als schön, wenn ich da was aufs Papier brachte. Heute mache ich mit meinen Bildern Ausstellungen im Kunstverein."*

▲ *„An der Bewegung hab ich heute noch Spaß. Sport, das war in der Schule das Schönste für mich."*

▲ *„Was Hänschen nicht lernt, lernt Hans nimmermehr."*

▲ *„Je mehr mich meine Mutter bestraft hat, dass ich abends nicht pünktlich kam, umso interessanter fand ich die Rollerbahn um die Ecke."*

▲ *„Einmal wurde ich eingesperrt, weil ich am Abend vorher zu spät nach Hause kam. Ich bin aus dem Fenster geklettert – und ab in die Disco. Mein Freund wartete ja darauf. Was sollte ich machen?"*

Partnerarbeit

✗ Sammeln Sie ähnliche Beispiele aus Ihrer Kindheit und Jugendzeit, die zeigen können, wie Sie sich mit Ihren Eltern oder Erzieherinnen auseinandergesetzt haben.

4.1.2 Lernen

Irmi (2 Jahre alt)

fasst mit ihren Händchen an den heißen Topf. Sie schreit nach ihrer Mutter. Aber sie hat auch ohne Mutter verstanden: Töpfe sind manchmal heiß – wenn man sie anfasst, tut es weh.

Man kann behaupten: Irmi hat etwas dazugelernt. Was sie vorher nicht wusste, weiß sie jetzt. Man kann auch sagen: Sie hat Wissen erworben.
Ähnlich ist es, wenn man Wörter hinzulernt, die man vorher nicht kannte.

Neben dem Wissenserwerb kann man auch im sozialen Bereich dazulernen, z.B. sich aus einer schwierigen Situation befreien. Dieses Lernen könnte man **soziales Lernen** nennen. Man kann lernen, sich richtig zu bewegen: Völkerball spielen, Fußball spielen, mit einem Handtuch abtrocknen, einen Ringkampf machen oder 100 Meter innerhalb einer bestimmten Zeit rennen.

Man kann beim Lernen also drei Abschnitte unterscheiden:

Die Einwirkung der Ausgangssituation: Reize, Anreize, Anregungen	Das Wahrnehmen der Reize, Anreize und Anregungen	Das Wahrgenommene wird gespeichert bzw. verarbeitet

Gruppenarbeit

X Sammeln Sie aus Wörterbüchern Erläuterungen/Erklärungen über „das Lernen." Stellen Sie die Aussagen zusammen. Erarbeiten Sie Gemeinsamkeiten und Unterschiede dieser Erklärungen.

Man kann zwei verschiedene Lerneffekte unterscheiden:

····▶ Irmi macht die Erfahrung mit dem heißen Topf selbst. Sie macht die Erfahrung ohne Vermittlung durch Eltern oder Erwachsene.

····▶ Die Mutter sagt: „Pass auf, der Topf ist heiß!" Das wäre Lernen durch die Vermittlung von anderen (Eltern, Kinderpflegerinnen). Auch in diesem Beispiel hat Irmi dazugelernt.

Zum Lernen gehört das **Gedächtnis**. Das Gedächtnis speichert die Erfahrungen, die wir in der Welt oder mit unseren Eltern und Geschwistern oder Schulkameraden machen. Ohne Gedächtnis ist kein Lernen möglich.

Was Hänschen nicht lernt, lernt Hans nimmermehr.

Einzelarbeit

X Überlegen Sie, was das Sprichwort über das Lernen aussagt.

Lernpsychologen haben herausgefunden:

····▶ Je **jünger** man ist, umso leistungsfähiger ist das Gedächtnis. Anders ausgedrückt **Kinder haben weniger Mühe, sich etwas zu merken.**

····▶ Es ist wichtig, dass man zu bestimmten Zeiten (in der Kindheit) etwas lernt und dass man die Zeit zum Lernen nützt. Sonst könnte es passieren, dass man etwas mit großer Mühe in der späteren Kindheit oder im Erwachsenenalter nachholen muss, was man vorher leichter und nebenbei erlernt hätte. Zum Beispiel weiß man: Sprachen lernt man umso besser, je jünger man ist. Diese Aussage kann man - mit Vorsicht - auch auf andere Lerninhalte übertragen.

····▶ Kinder müssen von Geburt an lernen mit Menschen Kontakt aufzunehmen. Häufiger Hautkontakt ist dabei wichtig. Wird einem Kind diese emotionale und körperliche Zuwendung verweigert, kann es zu irreparablen Schädigungen kommen (siehe Kapitel 2).

> ### Gruppenarbeit
>
> ✗ Lesen Sie das Szenario 1. und 2. dieses Kapitels.
>
> Überlegen Sie,
>
> – ob Anastas aus dieser Auseinandersetzung mit der Mutter etwas lernen könnte,
>
> – ob Birgit in dieser Auseinandersetzung mit dem Vater etwas lernen könnte.

4.1.3 Mut machen

Sie haben bereits bemerkt, dass Eltern und Kinderpflegerinnen Kindern beim Lernen helfen können. Auf einige Gesichtspunkte wollen wir nun weiter eingehen.

Beispiele:

– *Die Kinderpflegerin sieht ein neues Kind beim Sandkasten stehen. Im Sandkasten spielen mehrere Mädchen und Jungen. Sie sagt zu dem neuen Kind sehr freundlich:*
„Aber Kati, willst Du nicht mitspielen? Anne und Heiner kennst du doch schon. Die freuen sich sicherlich, wenn du ihnen hilfst die Sandburg zu bauen!"

– *Die Gruppenleiterin der „grünen Gruppe" sagt zu Martin: „Mensch, Martin! Das ist ja eine Überraschung, dass du heute mit der Knete anfängst! Macht es dir Spaß?"*
Martin hatte sich bisher nicht getraut damit zu spielen.

– *„Schau mal in die Puppenecke. Da findest du viele Sachen zum Spielen!"*

– *Die Kinderpflegerin legt einem 4-jährigen Jungen die Hand sanft auf den Kopf und sagt leise zu ihm: „Luigi, ich weiß, dass du das kannst."*

– Eine Erzieherin hatte beobachtet, dass Monika (4 Jahre) schon fast zwanzig Minuten am Tisch saß und träumte. Vermutlich hatte sie Hemmungen in einer der kleinen Gruppen mitzuspielen, die sich schon vor über einer Stunde zusammengefunden hatten. Sie nahm das Halma-Spiel und sagte zu Monika: „Jetzt will ich aber einmal mit dir spielen. Hast du Lust, Monika?"

Allen Beispielen scheint gemeisam zu sein:

••••▶ Die Kinderpflegerinnen/Erzieherinnen haben Vertrauen zu den Kindern. Und sie zeigen es den Kindern.

••••▶ Damit ermöglichen sie den Kindern etwas zu tun, was diese sich vorher vielleicht noch nicht oder nicht ohne Weiteres zutrauten.

Die deutsche Sprache hat dafür einen schönen Ausdruck: **Mut machen.**
Traut sich ein Kind etwas nicht zu, so kann ihm die Kinderpflegerin, die Erzieherin Mut machen.

Mut machen aber setzt voraus, dass man das Kind vorher beobachtet hat oder dass man es gut kennt. Denn nur wer das Kind kennt, kann ihm etwas zutrauen.
Überfordert man das Kind beim „Mut machen", hat man nicht gut beobachtet. Die Folge ist:
Man mutet dem Kind etwas zu, was es noch nicht zu tun in der Lage ist.
Damit hat man das Gegenteil von dem erreicht, was ursprünglich das Ziel war, nämlich das Kind zu unterstützen.

Nicht immer glückt das „Mut machen" durch die Erwachsenen:

••••▶ Hat ein Kind Furcht etwas zu tun, sollte man Geduld haben.

••••▶ Kinder durchschauen die Erzieher manchmal: Z. B. wenn das „Mut machen" nur so daher geredet – und nicht ernst gemeint war.

••••▶ Kinder brauchen gelegentlich Zeit sich daran zu gewöhnen, dass sie eigentlich etwas können – aber sich noch nicht richtig trauen.

••••▶ Kinder wollen etwas zuerst einmal ganz alleine ausprobieren. Niemand soll dabei zuschauen (das kennt jeder von sich selbst).

Zusammenfassung

■ Kennt man ein Kind, wird man ihm auch Mut machen können. Mut machen setzt gute Beobachtung voraus.

■ Hat man einem Kind erfolgreich Mut gemacht, traut es sich etwas, wovor es früher Hemmungen oder Angst hatte.

■ Kennt man ein Kind weniger gut, sollte man vorsichtig sein mit „Mut machen."

Man könnte also behaupten:

Wer Kindern Mut macht, hilft ihnen zu lernen.

Aber es gibt auch andere Möglichkeiten, Kinder beim Lernen zu unterstützen.

Partnerarbeit

✗ Untersuchen Sie das Verhalten der Mutter in Szenario 1 und das des Vaters (bzw. das der Eltern) in Szenario 2 dieses Kapitels.
Hat es etwas zu tun mit „Mut machen?" Oder können Sie nichts davon entdecken?

4.1.4 Beim Lernen unterstützen – und loslassen können (Verstärkung und Selbstverstärkung)

Beispiele:

Leon (4 Jahre alt)

hat von Tante Magda zum Geburtstag einen großen Holzbaukasten geschenkt bekommen, den er sich gewünscht hatte.
An einem Sonntag baut Leon mit den Klötzen aus dem Baukasten ein großes Haus mitten im Wohnzimmer. Seine Eltern sitzen ebenfalls im Wohnzimmer.
Leon sagt zu seinen Eltern: „Schaut mal her! Ich habe das Haus von Opa gebaut!"
Die Eltern spielen gerade Karten. Der Vater steht vom Tisch auf, geht zu Leon und bewundert das schöne Häuschen:
„Schön, Leon! Das ist dir ja gut gelungen. Das ist das erste Mal – oder?"
Auch Mutter freut sich.

Leon hat von Tante Magda einen großen Holzbaukasten geschenkt bekommen, den er sich gewünscht hatte.
Eines Sonntags, Mutter und Vater sitzen am Tisch und spielen Karten, baut Leon mit den Klötzen aus dem Baukasten ein Haus.
Leon sagt zu seinen Eltern: „Schaut mal her! Ich habe das Haus von Opa gebaut!"
Die Eltern antworten nicht und spielen Karten. Leon aber baut weiter.

Leon hat von Tante Magda einen großen Holzbaukasten geschenkt bekommen, den er sich gewünscht hatte.
Eines Sonntags ist die ganze Familie beisammen im Wohnzimmer. Die Eltern spielen Karten. Leon baut ein Haus, was er vorher noch nicht geschafft hatte.
Leon sagt zu den Eltern am Wohnzimmertisch: „Schaut mal her, ich habe das Haus von Opa gebaut!"
Vater sagt: „Mensch, Leon! Musst du uns immer stören! Lass uns gefälligst in Ruhe!"
Auch Mutter wirkt verärgert über die „Störungen" ihres Sohnes.

Partnerarbeit

✗ Untersuchen Sie die unterschiedlichen Verhaltensweisen des Vaters bzw. der Mutter in den Beispielen 1-3.

– Beschreiben Sie die unterschiedlichen Verhaltensweisen.

– Arbeiten Sie heraus: Wie haben die Verhaltensweisen wohl auf Leon gewirkt?

Ein Psychologe würde die drei Situationen wie folgt beurteilen:

····▶ Im ersten Beispiel verschaffen die Eltern – Vater und Mutter auf unterschiedliche Weise – ihrem Sohn ein angenehmes Erlebnis. Sie vermitteln Leon ein Erfolgserlebnis.

····▶ Im zweiten Beispiel vermeiden es die Eltern, ihrem Sohn ein eindeutiges Erlebnis zu verschaffen.

····▶ Im dritten Beispiel vermitteln die Eltern ihrem Sohn ein unangenehmes Erlebnis, ein Erlebnis, nach dem sich Leon niemals sehnen würde.

Kleine Sammlung angenehmer bzw. unangenehmer Erlebnisse

angenehm	unangenehm
„Gut gemacht, Leon!"	„Lass mich endlich in Ruhe!"
Mutter streicht Leon über den Kopf.	„Sei doch nicht so zickig!"
Vater boxt Leon sanft in die Seite.	Vater gibt Leon eine Ohrfeige.
Die Kinderpflegerin hört Lisa aufmerksam zu.	„Ich hab jetzt keine Zeit, das siehst du doch!"
Großmutter gibt Susi Schokolade.	Mutter schreit: „Lass das endlich!"

Partnerarbeit

✗ Finden Sie weitere Beispiele für Erfolgserlebnisse und unangenehme Erlebnisse, die Erzieherinnen und Eltern den Kindern vermitteln können. Denken Sie dabei vor allem an Ihre eigenen Erfahrungen in der Kindheit und Jugendzeit.

✗ Vervollständigen Sie die angefangene Liste der angenehmen und unangenehmen Erlebnisse.

Indem die Erzieherin/die Kinderpflegerin/die Eltern dem Kind ein angenehmes Erlebnis vermitteln, bestärken Sie das Kind in dem Verhalten, das diesem Erlebnis vorausging. Dieses Bestärken wird in der Psychologie **positiver Reiz** genannt.

Indem die Erzieherin/die Kinderpflegerin/die Eltern dem Kind ein unangenehmes Erlebnis vermitteln, schwächen Sie das Verhalten des Kindes, das diesem negativen Erlebnis vorausging. Dieses Schwächen wird in der Psychologie **negativer Reiz** genannt.

Leon wird bestärkt, wenn sich ihm die Eltern beim Bauen liebevoll zuwenden. Die Eltern **fördern** sein Lernen.
Leon hat weniger Spaß am Bauen, wenn seine Eltern ihn anmeckern, sobald er ihnen etwas davon zeigen will. Er könnte den Spaß mit der Zeit sogar ganz verlieren. Die Eltern **hemmen** sein Lernen.

Partnerarbeit

✗ Untersuchen Sie Szenen aus dem letzten Praktikum, die Sie selbst erlebt haben.

Bestimmen Sie:

1. Wann haben Erzieherinnen/Kinderpflegerinnen angenehme Erlebnisse an Kinder vermittelt?
2. Wann haben Erzieherinnen/Kinderpflegerinnen unangenehme Erlebnisse an Kinder vermittelt?
3. Wann haben Sie selbst angenehme/unangenehme Erlebnisse an Kinder vermittelt?

Was die Kinderpflegerin/die Erzieherin/Eltern an Lernmöglichkeiten bei ihrem Kind fördern oder hemmen wollen, werden Sie selbst entscheiden. Sie müssen es selbst verantworten.

Was immer Erziehende auch tun, wie sie handeln oder wofür sie sich entscheiden, immer sollte es im Sinne einer guten und eigenständigen Entwicklung des Kindes getan werden. Sie sollte immer im Mittelpunkt des Handelns der Erziehenden stehen, ob in Familie, Kindergarten oder Schule.

Ein wichtiger Gesichtspunkt aber wurde noch nicht erwähnt:
Wird das Kind immer wieder von seinen Erziehern bestärkt und mit Erfolgserlebnissen konfrontiert, wird es ihm irgendwann schwer fallen selbstständig zu sein.

Erfolgserlebnisse, die die Erzieherin vermittelt, sind wichtig. Sie sollten jedoch nicht dazu führen, dass das Kind sein Verhalten davon abhängig macht,
– was die Erzieherin für gut und wichtig hält,
– was die Erzieherin für sinnvoll hält,
– was die Erzieherin/die Eltern für richtig halten.
Damit wäre eine Erziehung zur Selbstständigkeit kaum möglich.

Es gibt eine Möglichkeit, sich als Kinderpflegerin/Erzieherin aus dieser Zwickmühle zu befreien:
Im Beispiel 2 bittet Leon seine Eltern, ihre Aufmerksamkeit auf sein Haus zu lenken. Die Eltern reagieren nicht. Das Verhalten ist für einen Erzieher nicht gerade erstrebenswert. Aber Leon hat trotz des Desinteresses der Eltern viel Spaß an dem Bau seines Hauses. Psychologisch betrachtet, bedeutet dies:

Leon vermittelt sich selbst ein Erfolgserlebnis.
Er verstärkt sich selbst.

Erzieherinnen/Kinderpflegerinnen, die die ihnen anvertrauten Kinder zur Selbstständigkeit und Eigenverantwortung erziehen möchten, sollten bestrebt sein, dass die Kinder möglichst früh unabhängig von ihnen werden, soweit es ihrer Entwicklung nützt. Sie halten sich zurück mit Lob. Sie schenken dem Handeln der Kinder viel Aufmerksamkeit. Sie ermöglichen es den Kindern, ihre eigenen Erfahrungen zu sammeln und daraus zu lernen ohne sich unnötig einzumischen.

> ### Partnerarbeit
> ✗ Suchen Sie selbst Beispiele aus Ihrem Praktilkum, Ihren Erfahrungen im Umgang mit Kindern und aus Ihrer eigenen Kindheit, an denen deutlich wird, dass ein Kind eigenständig Erfolgserlebnisse hatte.

4.1.5 Lernen durch Handeln (Formen der Interaktion)

Jan:
„Gibst du mir mal die Puppe?"

Mehmet:
„Ich will aber damit spielen!"

Jan:
„Mit dir kann man nicht spielen!"

Mehmet:
„Du nimmst das Auto, ich die Puppe!"

Jan:
„Später darf ich mit der Puppe spielen."

Mehmet:
„Ja, Jan! Gleich, gleich!"

Jan ist nämlich seit kurzer Zeit im Kindergarten „Regenbogen." Den Mehmet findet er interessant. Er hat so schöne schwarze Haare. Aber wie man mit Mehmet spielt, das muss Jan erst lernen. Er ist dabei, indem er sich mit Mehmet auseinandersetzt:

- Er lernt dabei, womit Mehmet gerne spielt.
- Er lernt dabei, wie er Mehemt dazu bringt, dass auch er einmal mit der Puppe spielen darf.
- Er lernt, auf welche Art und Weise man sich mit Mehmet am besten auseinandersetzt.
- Er lernt, an welchen Tagen es einfacher oder schwierig ist, mit Mehmet auszukommen.
- Er lernt etwas über die Art und Weise, wie Mehmet spielt.
- Er lernt etwas darüber, wann Mehmet fröhlich oder traurig ist.

Jan kennt seit der Aufnahme in den Kindergarten viele neue Kinder. Mit einigen hat er bereits gespielt. Er erfährt nun jeden Tag Neues über Kinder, indem er sich mit ihnen auseinandersetzt und mit ihnen spricht, spielt und streitet.

Nach jeder Auseinandersetzung, nach jedem Streit, nach jedem Gespräch und nach jedem Spiel ist Jan ein wenig schlauer, denn er weiß nun schon viel mehr als bei seinem Eintritt in den Kindergarten „Regenbogen."

Da Jan aber nun mehr weiß, kann er auch anders handeln:

····► Er kann mit Mehmet gut umgehen und spielen.

····► Er weiß, dass Kati schon ein bisschen lesen kann und dass sie ihm manchmal auch etwas vorliest.

····► Er weiß, dass ihm Susi die Schnürsenkel zubinden kann.

····► Er weiß, dass Kalle ihm hilft etwas Schweres zu heben und manchmal fragt er Kalle auch. Wenn der nicht will, kommt er eine Minute später wieder – dann macht es Kalle meistens.

Jans Mutter ist erstaunt, was ihr Sohn im Kindergarten in der kurzen Zeit schon alles gelernt hat.

Soziologen sagen:
Es gibt **drei verschiedene Möglichkeiten zu handeln:**

····► 1. Man sagt etwas über sich selbst aus (Selbstdarstellung): „Ich will damit spielen!"

····► 2. Man sagt etwas über den Partner (Spielkameradin/Freund usw.) aus (Interpretation des Gegenübers): „Mit dir kann man aber nicht spielen!"

····► 3. Man verhandelt mit seinem Partner (Verhandeln): „Später darf ich mit der Puppe spielen."

(R. Oerter, Moderne Entwicklungspsychologie, Verlag Ludwig Auer, Donauwörth 1975, S. 71-75)

Gruppenarbeit

X Organisieren Sie ein Rollenspiel, in dem ein Streit in der Familie gespielt wird; z. B.:

– Die Tochter kommt zu spät nach Hause.

– Der Sohn (14 Jahre) will nicht mehr mit den Eltern zum Gottesdienst gehen.

– Die Tochter (15 Jahre) will nicht mehr mit den Eltern in Urlaub fahren.

Alle Schüler, die nicht mitspielen, notieren im Spielverlauf Äußerungen/ Handlungen:

– die sie für Selbstdarstellungen halten,

– die sie für Interpretationen des Gegenübers halten,

– die sie für Verhandlungen halten.

Soziologen sagen auch:
Indem man handelt, erwirbt man (vier) Fähigkeiten:

····▶ **Man lernt seine eigene Rolle kennen.** Damit erwirbt man die Fähigkeit, sein Verhalten auf das anderer Beteiligter abzustimmen.
Jan z. B. lernt im Kindergarten, dass er nicht nur Sohn seiner Mutter ist. Er entwickelt im Kindergarten auch seine Rolle als Spielkamerad.

····▶ **Man lernt die Rolle des anderen kennen.** Man erwirbt die Fähigkeit, sich in das Denken und Handeln der anderen hineinzuversetzen. Man kann daher manchmal voraussagen, wie sich die andere Person in bestimmten Situationen verhalten würde.
Jan lernt seit dem Eintritt in den Kindergarten das Verhalten vieler und unterschiedlicher Kinder einzuschätzen und damit umzugehen.

····▶ **Man lernt unterschiedliche soziale Situationen einzuschätzen und damit umzugehen.** Man erwirbt unter Umständen auch die Fähigkeit, in schwierigen Situationen ruhig zu bleiben und geduldig nach Lösungen zu suchen.
Jan weiß schon, wie er mit Mehmet umgeht, falls Mehmet keine Lust hat mit ihm zu spielen.

····▶ **Man lernt, sich in verschiedenen Gruppen darzustellen und zu behaupten.** Im Widerspruch zu den Erwartungen, die andere haben, und den Erwartungen, die ich selbst an mich stelle, finde ich in vielen gesellschaftlichen Situationen einen Weg, der mir selbst behagt und den ich „meinen eigenen Weg" nennen kann.
Dazu muss Jan noch viel lernen. Aber am Ende der Kindergartenzeit kommt er glänzend mit allen Kinder zurecht, auch mit den Kinderpflegerinnen und Erzieherinnen der Gruppe. Nur mit Thorsten hat er manchmal heftigen Streit, aber er weiß auch: Montags muss ich Thorsten aus dem Weg gehen, denn dann spielt er die Fernsehserie „Turtles" im Kindergarten nach.

---

[1] *Eine große Auswahl an Rollenspielen mit Spielanleitungen und Rollenbeschreibungen finden Sie in den Rollenspielekarteien: G. Puzberg/ Kühne: Rollenspiele, Usingen/Wehrheim 1979, ISBN 3-921496-15-2. N. Kühne: Rollenspiele für das Schulalter, Usingen/Wehrheim 1982, ISBN 3-921496-26-8.*

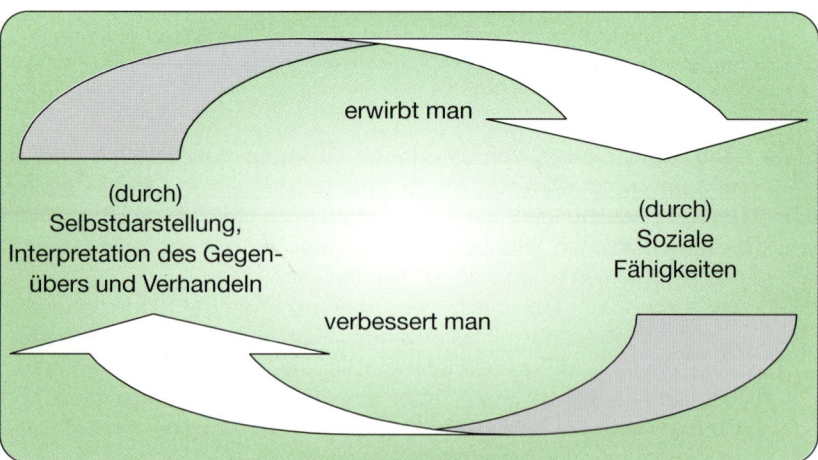

Lernen durch Handeln

Wenn man weiß, welche Fähigkeiten Kinder (und wir natürlich auch) im Handeln (bei Interaktionen) erwerben können, müssen wir als Kinderpflegerinnen/ Erzieherinnen auch darauf achten, dass Kindern die Möglichkeit zu selbstständigem Handeln gegeben wird.

Partnerarbeit

✗ Erinnern Sie sich an Szenen mit Kindern aus dem vergangenen Praktikum, in denen Sie als Praktikantin gehandelt haben. Beschreiben Sie diese Szenen ausführlich. Überlegen Sie dann: Bei welchen Gelegenheiten hätten die Kinder alleine bzw. selbstständig handeln können ohne dass ich mich eingemischt hätte.

✗ Darf man Kinder auch selbstständig handeln lassen, wenn sie sich heftig streiten oder gar prügeln? Beschreiben Sie Ihre Rolle oder die der Kinderpflegerin bei solchen Szenen.

4.2 Das Vorbild

Kinder können gut beobachten. Sie sehen vieles, was wir nicht einmal ahnen. Manchmal machen sie es auch nach.

Jede/r Erziehende ist ein Vorbild für das Kind!

Partnerarbeit

✗ Untersuchen Sie die folgende Karikatur.

– Beschreiben Sie die Szene mit eigenen Worten.

– Beurteilen Sie, inwiefern die Erwachsenen hier ein Vorbild sein könnten.

– Überlegen Sie: Was könnte der Sohn in einer solchen Situation/in weiteren und ähnlichen Situationen lernen?

Karikatur: R. Löffler

Kinder können **durch Beobachtung** der Eltern/Erziehenden (oder anderer Personen/Erwachsener) z. B. lernen:

••••▶ vor Tieren (Spinnen, Mäusen usw.) oder Gegenständen Angst zu haben,

••••▶ sich bei Auseinandersetzungen zu prügeln oder sich ruhig über unterschiedliche Meinungen zu unterhalten,

••••▶ Zigaretten zu rauchen,

••••▶ wie man sich in schwierigen sozialen Situationen verhält, z. B. Vorstellung bei Begegnung mit fremden Personen.

Einzelarbeit

✗ Vergleichen Sie einige Ihrer Ängste, Eigenschaften und Einstellungen mit denen Ihrer Eltern. Überlegen Sie, welche Verhaltensweisen oder Ängste sie von Ihren Eltern wohl durch Beobachtung erlernt haben könnten.

Lernpsychologen sagen, dass das **Lernen durch Beobachtung** (Beobachtungslernen) besonders **unter folgenden Voraussetzungen gut funktioniert:**

••••▶ Wenn die beobachtete Person mit ihrem Verhalten Erfolg hat.

••••▶ Wenn die beobachtete Person ein hohes Ansehen hat, z. B. bekannte Persönlichkeiten, Schauspieler, Musiker usw.; Erwachsene/Eltern haben in der Regel bei Kindern ein hohes Ansehen.

••••▶ Hat ein Kind zu der beobachteten Person, z. B. der Mutter eine gute Beziehung, lernt es besser durch Beobachtung.

••••▶ Kinder, die unsicher in bestimmten Situationen sind, lernen eher durch Beobachtung. (Kommt man in einen Raum, in dem viele Personen sind, die man nicht kennt, weiß man manchmal nicht, wie man sich „richtig" verhalten soll. Dann ist man froh, etwas nachahmen zu können.)

••••▶ Wenn das Verhalten, das man durch Beobachtung erworben hat, von großer Bedeutung/von großem Wert ist, wird man es eher übernehmen. Verhalten, mit dem man sich in Gruppen durchsetzen kann, ist attraktiv!

Immer ein gutes Vorbild zu sein ist eine der schwersten Aufgaben von Eltern, Kinderpflegerinnen oder Erzieherinnen. Sicherlich wird man tagtäglich Fehler machen. Die Psychologin Annemarie Tausch und der Psychologe Reinhard Tausch haben eine Liste zusammengestellt, wie ein **gutes** und wie ein **weniger gutes** Vorbild aussehen könnte.

gutes soziales Vorbild

„Wiederhole es bitte noch einmal, es war fast richtig!"

„Es tut mir leid, dass du's nicht geschafft hast."

„Bitte an die Tafel sehen!"

„Hättest du mehr als ein Drittel genommen, dann wäre es gegangen."

„Ich glaube, wir haben uns hier etwas geirrt."

„Es stimmt noch nicht, was ihr gesagt habt."

„Ich überlege, wie ich euch das besser erklären kann."

„Bitte lasst mich erst aussprechen!"

„Du hattest dich für das Große entschieden, wie kamst du darauf?"

„Ich freue mich, dass ihr es geschafft habt."

„Gernot, kannst du bitte die Geräte holen!"

„Ihr könnt es schon viel besser als er; aber man kann jemand deswegen nicht auslachen!"

„Ich wäre froh, wenn ihr ihn in eure Gemeinschaft aufnehmt."

„Die neue Rechenart wird für euch nicht ganz einfach sein; aber ich denke wir werden auch das wieder schaffen."

(A. und R. Tausch, Göttingen 1971, S. 68)

weniger gutes soziales Vorbild

„Seht mich gefälligst an!"

„Hinsetzen!"

„Das war der größte Mist, den ich je gehört habe."

„Ich hab' dich nicht gefragt"

„Du hältst den Mund und denkst erst einmal nach!"

„Weiterlesen!"

„Du hör' mal, was fällt dir denn ein?"

„Helmut, bist du jetzt ruhig, sonst werde ich ärgerlich!"

„Lass' das mal ein bißchen in deinen Grips eingehen!"

„Ihr habt hier stille zu sein!"

„Du hast ja heute nur Blödsinn im Kopf."

„Dreh' dich nicht um!"

„Du bist ein Lügner. Und dir soll ich in Zukunft noch glauben?"

„Es ist schon ein Unglück, dass ich euch als Klasse habe."

„Eine Tracht Prügel wäre das einzig Richtige für dich!"

„Diese ewige Unruhe macht mich ganz nervös und krank."

Partnerarbeit

 Beurteilen Sie: Inwiefern sind die Eltern in unserem Szenario (1 und 2) ihren Kindern Vorbilder?

4.3   Die Strafe

Beispiele:

– *Georg erhält von seinen Eltern einen Monat Hausarrest wegen seines schlechten Zeugnisses.*

– *Wiebke (16 Jahre) kommt später als vereinbart nach Hause. Zur Strafe nimmt der Vater ihr den Fernseher in ihrem Zimmer weg.*

– *Corinna (5 Jahre) hat sich heftig mit ihrer Schwester (4 Jahre) gestritten. Ihre Mutter verpasst ihr dafür eine Ohrfeige.*

– *Mario (14 Jahre) hat nicht eingekauft, wie ihm seine Mutter aufgetragen hat. Vater beschließt: Zur Strafe bekommt Mario an diesem Abend nichts zu essen.*

✗ Erinnern Sie sich an Strafen, die Sie von Ihren Eltern oder Lehrern erhalten haben:

– Beschreiben Sie die Strafen.

– Beurteilen Sie: Haben die Strafen das gebracht, was die Eltern/Lehrer mit der Strafe erreichen wollten?

Nehmen Sie an, die in der Karikatur dargestellte Strafe, würde von einem Vater verwirklicht:

„Dies wird dich lehren, andere Leute nicht zu schlagen."
(aus: N. Kühne u.a.; Köln 1998)

✗ Beurteilen Sie das Verhalten des Vaters: Wie wird sich die Strafe wohl auf den Sohn auswirken?

Die Strafe, eine seit Jahrhunderten ausgeübte Maßnahme vieler Erzieher, ist im 20. Jahrhundert „ins Gerede gekommen." Was Pädagogen seit hunderten von Jahren für gerechtfertigt hielten, wird von einigen Psychologen und Pädagogen in den letzten Jahrzehnten für fragwürdig gehalten. Seit die Presse außerdem von Kindesmisshandlungen in Familien berichtet, nehmen auch viele Eltern Abstand vom Strafen – oder sie überlegen es sich, ob Strafen sinnvolle Maßnahmen in der Erziehung sein können.

Psychologen, die die Entwicklung und das Lernen des Kindes im Auge haben, bringen folgende Vorbehalte gegen die Strafe in die Diskussion. Hier ein Überblick über die

Auswirkungen von Strafen:

1. Strafe verursacht meist nicht die erwünschten Verhaltensänderungen:
   a) da die Auswirkungen des Strafens auf das Kind meist nicht konsequent nachkontrolliert werden können;
   b) da meist nur unregelmäßig gestraft werden kann, d.h. dass nur ein Teil des unerwünschten Verhaltens (z.B. aus Zeit- oder Aufsichtsgründen) bestraft wird;
   c) da der Erfolg oft/meist nur kurzfristig ist, z.B. solange der strafende Erzieher anwesend ist.

2. Das Strafen selbst verändert sich im Laufe der Zeit im Erleben des Kindes:
   a) Häufiges Strafen kann z.B. beim stark vernachlässigten Kind zu einer Form der Verstärkung werden (etwa: jetzt habe ich endlich erreicht, dass er/sie (d.h. Eltern) sich mit mir beschäftigt); ist Strafen aber – wie in diesem Fall – eine Verstärkung, dann verfestigt sich das bestrafte Verhalten noch mehr.
   b) Der strafende Vater kann – bei häufigem Strafen – **auch im Falle von positiven Äußerungen** beim Kind ein Gefühl der Angst/Ablehnung erzeugen.

3. Die Strafe führt häufig zu einer unerwünschten Verhaltensänderung:
   a) Nicht nur bestraftes Verhalten wird gehemmt, sondern auch ähnliche Verhaltensweisen – wenn etwa aggressives Verhalten bestraft wird, kann etwa Aktivität/Impulsivität gehemmt werden.
   b) Strafen vermindert allgemein die Flexibilität (Sicherheit, Beweglichkeit usw.).
   c) Je mehr gestraft wird, umso größer ist die Wahrscheinlichkeit, dass ein Ausweichverhalten bzw. ein sozial abweichendes Verhalten entsteht (Lügen, weil das Kind nicht die Wahrheit sagen darf).
   d) Durch Strafen lernen Kinder im Sinne des Beobachtungslernens (Vater schlägt – Kind schlägt kleinere Kinder).
   e) Durch Bestrafung kann ein Kind unfähig gemacht werden, auf andere Reaktionen des Erziehers als auf Strafen einzugehen. Etwa wenn Kinder nur noch auf Schläge reagieren – nicht mehr auf eine normale ruhige Unterhaltung.

4. Bestrafung führt häufig zu unerwünschten Verhaltensweisen beim Erzieher:
   a) Der Bestrafende kann sich so ins Bestrafen hineinsteigern, dass er nicht/kaum noch anders reagieren kann.
   b) Je öfter eine Person bestraft, umso geringer wird seine Belohnungsfähigkeit.

5. Strafe verschlechtert die Beziehung Eltern (Erzieher) – Kind; damit wird auch für das Kind das Lernen erschwert. Vom Vorbild, zu dem man einen guten emotionalen Kontakt hat, lernt man besser.

(aus: N. Kühne (Hg.) u.a.; Köln 1998, 6. Aufl. ; S.60-61)

> **Strafe als Erziehungsmethode ist in ihrer Wirkung unzuverlässig.**

Was aber bleibt der Kinderpflegerin, der Erzieherin oder den Eltern, wenn sie mit dem Verhalten der Kinder, die sie erziehen wollen, nicht zurechtkommen? Die Lernpsychologen geben folgende Ratschläge:

····▶ Wenn irgendwie möglich, beachte ich das Verhalten des Kindes, das ich für falsch halte, gar nicht. Wenn ich es nicht beachte, nehme ich diesem Verhalten seinen Reiz. Es wird uninteressant. Gleichzeitig kann ich das Verhalten, das ich für gut und sozial halte, beachten und mit einem Erfolgserlebnis versehen.

····▶ Über Verhalten, das ich als Kinderpflegerin/Erzieherin für besser halte, kann ich mit dem Kind Vereinbarungen für die Zukunft treffen.

4.4 Erziehungsstile

Mit dem Begriff **Stil** lässt sich eine Anzahl von charakteristischen Merkmalen zusammenfassen.

····▶ Beim Eiskunstlauf sagt ein Zuschauer zum anderen: „Der Stil dieses Läufers ist unglaublich elegant!"

····▶ Ein Fußballer zum anderen: „Deinen aggressiven Stil kannst du dir von der Backe putzen! Sonst spielst du nächstens allein!"

····▶ Ein Lehrer zu einer Mutter: „Ihr Kind hat einen interessanten Stil, einfache Ereignisse unglaublich spannend zu erzählen."

In der letzten Zeit ist durch die Werbung die englische Version des Begriffes bekannt geworden: „style". In der Pädagogik und in der Erziehungspsychologie gibt es seit einigen Jahrzehnten den Begriff:

E r z i e h u n g s s t i l

Erziehungsstil meint:

> **Die Art und Weise, wie eine Kinderpflegerin erzieht – oder eine Erzieherin im Erziehungsgeschehen handelt.**

Beispiele:

a) Frau Jürgens sagt zu ihrem Sohn: „Du, ich bin krank! Könntest du für mich zur Apotheke gehen und ein Medikament holen?" Ihr Sohn Michael druckst herum. Frau Jürgens weiß, dass er mit seinem Freund spielen möchte. Sie versucht es noch einmal: „Schau, ich habe Fieber! Was machst du, wenn du Fieber hast?" Michael versteht. Er denkt: Natürlich braucht Mama jetzt meine Hilfe. Dann sagt er: „Gib mir das Rezept, ich gehe!"

b) Frau Juchem sagt zu ihrem Sohn: „Ich habe dir schon zweimal gesagt, dass du zur Apotheke gehen sollst. Alles kann man alleine machen! Wenn du nicht sofort gehst, kannst du deinen Freund nach Hause schicken. Dann sag ichs deinem Vater – heute Abend. Du wirst schon sehen, was du davon hast." Ihr Sohn Pit nimmt missmutig das Rezept und geht notgedrungen in Richtung Apotheke. Sein Freund ist sauer auf Pit.

Die Pädagogen/Erziehungspsychologen nehmen an, dass ein bestimmter Erziehungsstil bestimmte Auswirkungen auf das Kind hat. Es sieht so ähnlich aus wie bei unseren beiden Beispielen:

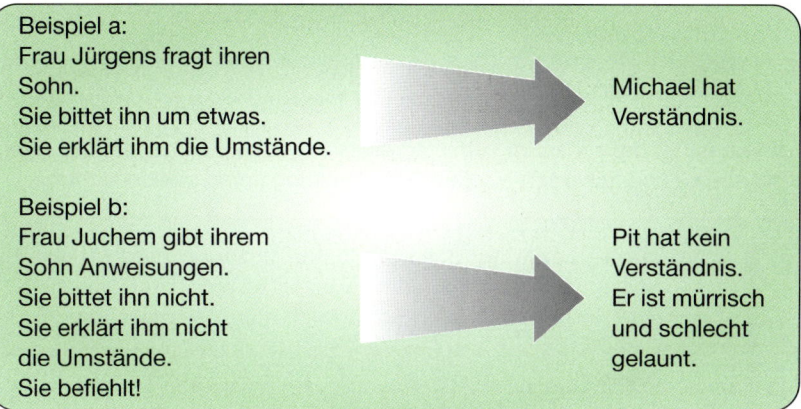

Beispiel a:
Frau Jürgens fragt ihren Sohn.
Sie bittet ihn um etwas.
Sie erklärt ihm die Umstände.

Michael hat Verständnis.

Beispiel b:
Frau Juchem gibt ihrem Sohn Anweisungen.
Sie bittet ihn nicht.
Sie erklärt ihm nicht die Umstände.
Sie befiehlt!

Pit hat kein Verständnis.
Er ist mürrisch und schlecht gelaunt.

Stil a

könnte man folgendermaßen beschreiben:
– Verständnis entwickeln für das Kind, ihm möglichst viel Selbstständigkeit lassen, die Entscheidungen des Kindes fördern, Lob oder Kritik sind objektiv und zurückhaltend; Schuldzuweisungen und Drohungen unterbleiben.
Einen solchen Erziehungsstil kann man als **partnerschaftlich oder demokratisch** bezeichnen.
Erwachsene, die mit diesem Stil arbeiten, erziehen ihre Kinder zur Selbstständigkeit und eigenen Verantwortung.

Er ist gekennzeichnet:

····▶ **durch die Sympathie, die emotionale Wärme für das Kind,**

····▶ **durch Bitten, Hinweise, Tipps (das Kind wird weniger gelenkt).**

Stil b

könnte man folgendermaßen beschreiben:
Der Erwachsene bestimmt möglichst alles, er legt fest, was passiert; was die Erzieherin sagt, ist immer richtig (und wichtig); Kinder haben grundsätzlich nicht Recht (es sei denn, der Erziehende ist einmal gut gelaunt), der Erwachsene unterdrückt Kritik der Kinder; er arbeitet mit Strafen und Drohungen.
Dieser Erziehungsstil wird im Allgemeinen **autokratisch oder autoritär** genannt.
Erwachsene, die Kinder mit Hilfe dieses Stils erziehen, führen ihre Kinder zum Gehorsam, zur Unterwerfung, zur Abhängigkeit von Autoritäten und zur Unselbstständigkeit.

Er ist gekennzeichnet:

····▶ **durch emotionale Kälte, wenig Einfühlung, Abneigung gegenüber dem Kind,**

····▶ **durch viel Lenkung (du musst, du sollst usw).**

Zusammenfassung der Theorie:

> **Die Dimension Lenkung:**
> *„Erhebliche und häufige Lenkung/Dirigierung hat meist destruktive (zerstörerische) Auswirkungen auf Kinder und Jugendliche, sowohl auf das unmittelbare als auch spätere Verhalten."*
> *(Tausch/Tausch, 1979).*

Es liegt nahe, dass man im Verhalten eines Erwachsenen gegenüber einem Kind **starke** und **schwach ausgeprägte** Lenkung unterscheiden kann:

DIMENSION LENKUNG

6 = starke Lenkung: (keine Selbstbestimmung durch Kinder): dem Kind wir kein Freiraum gelassen, es wird unter Zwang gesetzt, wenn nötig durch Schläge, Strafen, Anweisungen.

Bitten

3 = mittlere Lenkung: Erzieherinnen geben konkrete Tipps, die nicht verpflichtend sind.

Erzieher informieren oder weisen hin.

0 = minimale Lenkung Erzieherinnen engen nicht ein, überlassen es der Eigeninitiative der Kinder/Jugendlichen, schränken Freiheit nicht ein.

> **Emotionale Dimension (Achtung, Wärme, Rücksichtnahme):**
> *„Erfahrene Wärme, Achtung, Rücksichtnahme fördert die seelische Funktionsfähigkeit und seelische Gesundheit von Personen, ihre Selbstachtung, ihr günstiges Selbstkonzept, ihr prosoziales Verhalten und auch deutlich die kognitiven Prozesse bei Schülern."*
> *Nicht nur soziale Einstellungen, auch geistige Fähigkeiten des Kindes werden durch Wärme und Achtung der Erzieherin gefördert.*

ACHTUNG WÄRME-RÜCKSICHT

–3 = Missachtung, Kälte, Härte: das Kind geringschätzen, abwerten, und demütigen, grob, verächtlich, lieblos sein, ihm misstrauen, es kaltstellen, Angst einjagen.

0 = weder Zuwendung noch Ablehnung.

+3 = Achtung, Wärme, Rücksichtnahme: das Kind schätzen, willkommen heißen, sich ihm zuwenden, freundlich, herzlich, nachsichtig sein.

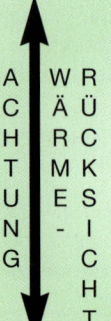

Damit haben wir zwei Skalen zum Schätzen geschaffen – beide sind sieben-
stufig und aus sachlogischen Gründen mit unterschiedlichen Zahlenwerten
versehen:

Skala: Lenkung						
minimale Lenkung						maximale Lenkung
0	1	2	3	4	5	6

Skala: Wärme, Rücksichtnahme, Achtung						
Missachtung, Kälte, Härte						Achtung, Wärme
−3	−2	−1	0	+1	+2	+3

Fügen wir die beiden Skalen in einem Koordinatenkreuz zusammen, erhalten
wir einen grafischen Überblick über die Erziehungsstile:

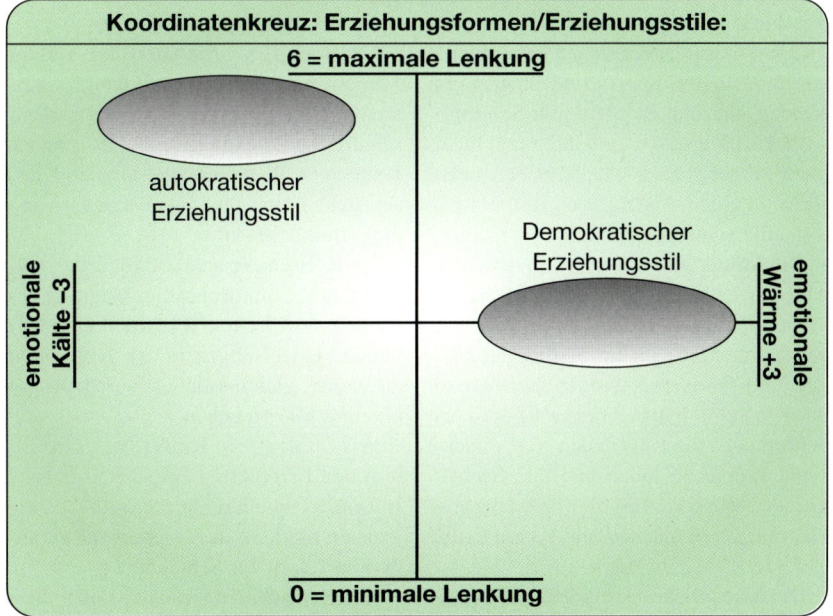

Koordinatenkreuz: Erziehungsformen/Erziehungsstile:

6 = maximale Lenkung

autokratischer Erziehungsstil

Demokratischer Erziehungsstil

emotionale Kälte −3

emotionale Wärme +3

0 = minimale Lenkung

Partnerarbeit

X Denken Sie ein wenig an Mathematik und fassen Sie mit Hilfe dieser
Grafik zusammen, worin der demokratische und der autokratische
Erziehungsstil bestehen.

X Untersuchen Sie Szenario 1. und 2. im Hinblick auf Erziehungsstile:
Welchen Erziehungsstil verwirklichen die Eltern in den beiden Beispielen?

Das folgende Beispiel zeigt, dass man auch heute noch über Erziehungsstile spricht und einen bestimmten Stil zu praktizieren versucht:

Verträge zwischen Eltern und Lehrern
Experiment in Wörth über abgestimmte Erziehung

WÖRTH AM MAIN. (dpa) Aggressionen, Gewalt, Unkonzentriertheit, Lärm, ständige Störungen – Lehrerinnen und Lehrer können ein Lied davon singen, wie es in vielen Schulen zugeht. An der Grund- und Hauptschule in Wörth am Main im unterfränkischen Landkreise Miltenberg gehen Schule und Eltern neue Wege, die bisher einmalig in Deutschland sein dürften: Sie haben schriftliche Verträge geschlossen, in denen sie sich zu einer Art Solidargemeinschaft zusammenschließen und zu bestimmten Verhaltensweisen gegenüber den Kindern verpflichten.

„Die Eltern der Klasse 2b vereinbaren zum Wohle ihres Kindes und der anderen Kinder, obszöne Begriffe und Schimpfwörter aufzugreifen, zu klären und nicht mehr zu verwenden", heißt es beispielsweise in einem Vertrag, den fast alle Eltern unterschrieben haben.

Die Mütter und Väter der Erstklässler haben sich darauf verständigt, dass Spielsachen nicht mit in die Schule gebracht werden und dass ihr Sprössling nur ausgewählte Fernsehsendungen anschaut. In der Klasse 5b haben sich die Eltern vorgenommen, ihr Kind jeden Tag mindestens einmal zu loben und alle Sechstklässler sollen künftig bis 15.00 Uhr ihre Hausaufgaben machen und vorher keine anderen Kinder zu Hause stören.

Die Idee zu der Aktion hatte Schulleiter Linus Markert. „Durch die Solidarität der Eltern lässt sich vieles machen", meint er. Der Rektor spricht aus eigener Erfahrung: Seine Tochter war sauer, als ihre Freundinnen abends länger in der Diskothek bleiben durften als sie selbst. Markert sprach sich mit den Eltern der Freundinnen ab – und das Problem war ohne Konflikte mit einem Schlage gelöst.

Diese Erfahrung übertrug der Schulleiter auf seine Schule, die in den Klassen eins bis neun 320 Schüler und Schülerinnen unterrichtet. Er überzeugte Elternbeirat und Lehrerkollegium. Zunächst gab es Bedenken und Zweifel, andererseits aber auch Neugier: „Viele Eltern haben direkt darauf gewartet, dass man ihnen eine Hilfe gibt. Sie haben ja Angst um ihr Kind." Für jede Klasse wurden Elternversammlungen einberufen, in denen Lehrer und Eltern die Verträge gemeinsam formulierten.

Nach einigen Monaten ist Rektor Markert hochzufrieden mit dem Experiment, für das es bisher keinerlei wissenschaftliche Grundlagen gibt. „Wir haben keine heile Welt hier, aber in allen Klassen haben sich positive Veränderungen eingestellt", betont er.

Der Geräuschpegel während des Unterrichts sei zum Beispiel schlagartig gesunken, als Eltern und Lehrer vereinbart hätten, Anweisungen in der Schule und zu Hause gleichermaßen nur noch ein einziges Mal zu geben.

Wissen denn die Kinder, was ihre Eltern und Erzieher da ausgeheckt haben? Informiert wurden sie nicht. „Aber die meisten merken, dass sich etwas verändert hat", sagt der Schulleiter.

Er denkt schon an mögliche neue Vereinbarungen: Dass kein Kind Kriegsspielzeug geschenkt bekommt oder dass wieder mehr gegrüßt wird auf der Straße und auch in der Schule – „eigentlich selbstverständliche Dinge, aber leider sind sie nicht mehr selbstverständlich", meint Linus Markert.

Stephan Maurer

(MARLER ZEITUNG, Marl, den14.12.1994)

4.5 Einflüsse auf die Erziehungsarbeit

Beispiel 1:

Die Kinderpflegerin Maria freut sich, dass Mehmet (5 Jahre) in der kurzen Zeit im Kindergarten so gut sprechen gelernt hat. Ihre Übungen, ihre Förderung und ihre Bemühungen um das Kind haben sich gelohnt, findet sie.
Es war ihre Absicht, Mehmet sprachlich zu fördern und einen kleinen Teil davon hat sie schon erreicht.

Beispiel 2:

Früh übt sich … (K. Puth, ötv-Magazin, 1/1984)

Herr Beckenbaum wundert sich, was sein Sprössling Florian alles kann. Mit seinen fünf Jahren sitzt er am Computer der Mutter und schreibt Wörter und kleine Sätze. Niemand weiß, wer ihm das beigebracht hat. Jedenfalls keiner in der Familie. Neulich hat er doch tatsächlich seine Mutter gefragt, als sie sich an den PC setzte um etwas zu arbeiten: „Hast du Papa auch gefragt, ob du das darfst?"
Niemand in der Familie hatte die Absicht, Florian das Schreiben mit dem Computer beizubringen. Es war plötzlich da, vermutlich durch die Tatsache, dass das Gerät im Raum stand und Florian Spaß daran hatte.

Partnerarbeit

✗ Arbeiten Sie die Unterschiede in den beiden Beispielen heraus, was die Aktivität der Erziehenden betrifft.

Pädagogen unterscheiden zwischen

– **intentionaler Erziehung (a)** und

– **funktionaler Erziehung (b).**

(a) **Intentionale Erziehung** (Intention = Absicht) umfasst alle Maßnahmen, in denen ein Erziehender in gezielter erzieherischer Absicht auf ein Kind, einen Jugendlichen einwirkt, z. B. wenn er lobt, straft, ermuntert, hilft oder etwas vorschreibt.

b) Außerhalb dieser auf ein bestimmtes Ziel hin ausgerichteten Aktivitäten des Erziehenden steht jedes Kind einer großen Vielfalt von Einflüssen sowohl der gegenständlichen als auch der sozialen Welt gegenüber. Beispiele: das Spiel mit bestimmten Gegenständen, auch der Umgang mit einem bestimmten Freundeskreis, die Position in der Geschwisterreihe oder das Verwöhnen durch die Großeltern. Manchmal kann man sogar sagen: Der Einfluss der Eltern und der Kinderpflegerin auf die Entwicklung ist in bestimmten Situationen sehr gering: Ist z. B. ein Fernsehapparat im Haushalt, ist der Einfluss der Eltern eingeschränkt. Neuerdings etwa gibt es wieder eine Diskussion über den großen Einfluss, den die Gleichaltrigen haben. Dies wäre **funktionale Erziehung** (vgl. E. E. Geißler 1973).

Gruppenarbeit

✗ Diskutieren Sie weitere Beispiele, an denen deutlich wird, dass der Einfluss der Eltern oder der Kinderpflegerin wahrscheinlich begrenzt ist.

Partnerarbeit

✗ Diskutieren Sie die Folgen aus der Tatsache, dass viele Kinder lange Zeit vor dem Fernsehapparat sitzen, z. B. die Folgen für die Bewegungsfähigkeit (Motorik) der Kinder.

①

②

③

④

(Pitter, K., Marl 1983)

Plenum

✗ Könnte man auch Vorteile in der begrenzten Macht der Eltern sehen? Formulieren Sie Vermutungen und besprechen Sie sie in der Klasse.

5 Erziehungskonzepte

5.1 Interkulturelle Erziehung

Szenario

Sonja, eine angehende Kinderpflegerin befindet sich im zweiten Jahr ihrer Aus-bildung.

*Ihre fachpraktischen Kenntnisse erlangt sie im Kindergarten „Paulinchen",
einer Einrichtung der evangelischen Kirche, die zu ihrem Einzugsbereich eine
Bergarbeitersiedlung zählt.*

*In ihrer Gruppe gibt es sieben türkische Kinder, die alle hier in Deutschland
geboren sind, sich jedoch nicht gut mit den deutschen Kindern verständigen
können und deshalb oft untereinander spielen.*

*Bei der Auswertung des vorletzten Blockpraktikums im Kindergarten wird nach
besonderen Erfahrungen und Vorkommnissen gefragt, die die Praktikantinnen
gemacht bzw. erlebt haben.*

*Als Sonja an der Reihe ist, berichtet sie Folgendes: „Ich will hier eine Situati-
on beschreiben, die mir ziemlich viele Probleme bereitet hat und in der ich nicht
wusste, wie ich mich verhalten soll. In unserer Gruppe gibt es mehrere türkische Kinder. Zwei davon sind Jungen und diese Jungen zeigen ein Verhalten,
das ich als ein „Macho-Verhalten" bezeichnen würde. So ist zum Beispiel allen Kindern klar, dass sie nach dem Spielen auch ihre Spielsachen wegräumen
müssen, den Mehmet interessiert das überhaupt nicht, er ist es schon gewohnt, dass die Frauen das für ihn machen; ein richtiger Pascha, den ich nicht
zum Mitmachen motivieren kann. Ich bin in solchen Situationen hilflos und die
Erzieherinnen gehen einfach über dieses Verhalten hinweg. Was soll ich denn
dann machen?"*

*„Das weiß ich jetzt zwar auch nicht", antwortet Sandra. „Ich habe aber eben-
falls von einem Erlebnis mit einem ausländischen Mädchen zu berichten. Diese Situation hat mich in eine mir unangenehme Lage gebracht und mich sehr
traurig gestimmt. Irena stammt aus Bosnien, ist erst seit einigen Monaten in
unserem Kindergarten, kann sich nicht verständlich machen und spielt meist
traurig und allein. Wenn sie sich morgens von ihrer Mutter trennen muss, geht
das so gut wie nie ohne Tränen ab. Als ich eines Morgens allein mit einigen Kindern in der Gruppe war, bemerkte ich, dass Irena bitterlich weinte und sich in
eine Ecke des Gruppenraumes verkrochen hatte. Ich nahm sie auf den Arm um
sie zu trösten und sie klammerte sich so fest an mich, dass ich völlig hilflos wurde und nicht wusste, wie ich mich wieder lösen könnte. Zum Glück kam dann
die Erzieherin und erklärte mir, dass Irena schlimme Erinnerungen an den Krieg
hat, die sie wohl noch nicht überwinden konnte. Gemeinsam gelang es uns
dann das Mädchen zu beruhigen."*

*„Das ist doch alles Quatsch, was ihr da macht! Die Ausländer hier in Deutsch-
land sollen sich gefälligst anpassen, unsere Sprache erlernen und unsere mo-
ralischen Vorstellungen akzeptieren. Das müsste ich im Ausland genauso machen. Wenn sie das nicht wollen, können sie ja wieder nach Hause ziehen. Wir*

haben hier schon genug Ausländer, die meisten kommen doch sowieso nur um Geld zu scheffeln und nehmen uns die Arbeitsplätze weg. Schließlich gibt es ja schon türkische Erzieherinnen im Kindergarten, die unsere deutschen Kinder dann vielleicht türkisch erziehen. So weit ist das schon gekommen. Und dann die vielen Scheinasylanten, die hier auch noch Unterstützung bekommen", regt sich Klaudia auf.

„Ich habe viel zu geringe Kenntnisse über Ausländer- und Aussiedlerkinder, wie sie leben, was sie am liebsten spielen, was sie essen oder auch welcher Religion sie angehören. Hierüber sollten wir einmal eine Lernaufgabe oder eine Projektwoche durchführen", schlägt Christiane vor.

Dieser Vorschlag wird von allen angenommen und es wird beschlossen, ihn so bald wie möglich umzusetzen.

Dieses Beispiel wirft einige Fragen auf:

••••▶ Welche Kinder in meiner Kindergartengruppe stammen nicht aus Deutschland?

••••▶ Woher kommen sie? Was war der Grund, weshalb ihre Eltern ihr Heimatland verließen?

••••▶ Wie und unter welchen sozialen und wirtschaftlichen Bedingungen leben sie hier in Deutschland? Können und sollen sie ihre kulturellen Besonderheiten ablegen oder behalten?

••••▶ Wie gehen wir mit Ausländern im Alltag um?

••••▶ Welche Ziele und Intentionen sind in der interkulturellen Erziehung von Kindern wichtig?

••••▶ Welche Kompetenzen muss ich als Kinderpflegerin besitzen um den Ansprüchen im interkulturellen Erziehungsbereich entsprechen zu können?

••••▶ Wie kann ich in der Einrichtung pädagogisch sinnvoll mit der Vielzahl unterschiedlicher kultureller Erscheinungen und Erwartungen umgehen?

Partnerarbeit

✗ Untersuchen Sie in Ihrem Kindergarten, woher die Kinder mit ausländischer Staatsangehörigkeit stammen.

✗ Stellen Sie fest, wie lange die Familie dieser Kinder in der Bundesrepublik lebt, ob eventuell auch schon einige Familien die deutsche Staatsangehörigkeit angenommen haben.

✗ Bringen Sie in Erfahrung, wo und wie die ausländischen Familien wohnen, ob diese Unterbringung vorübergehend ist oder ob sich die Familien auf eine Dauerlösung eingestellt haben.

✗ Fragen Sie nach, welcher Beschäftigung die Eltern der ausländischen Kinder nachgehen.

5.1.1 Zur Situation ausländischer Familien in Deutschland

Um den Kinderpflegerinnen aus dem angeführten Beispiel Informationen für ihr geplantes Projekt an die Hand zu geben, soll im Folgenden auf einige statistische Angaben eingegangen werden.

So wird heute diskutiert, ob die Bundesrepublik Deutschland ein Einwanderungsland ist oder nicht. Obwohl etliche Politiker diese Tatsache nicht wahrhaben wollen, muss man feststellen, dass bei einer Anzahl von beinah 7,5 Millionen ausländischer Bürger, die hier in Deutschland leben, ungefähr jede 11. Person eine ausländische Staatsbürgerschaft besitzt. Zwar kann man die Zuwanderung fremder Personen nicht mit der Entwicklung in den klassischen Einwanderungsländern USA, Australien oder Kanada vergleichen, wo die Ureinwohner beinah ausgerottet worden sind, trotzdem wird die Anzahl der zuziehenden Ausländer nicht abnehmen oder stoppen, so dass man durchaus die Bundesrepublik Deutschland als ein Einwanderungsland bezeichnen kann. Gründe hierfür liegen in der politischen Öffnung der Länder im Osten und der damit verbundenen Erweiterung der Europäischen Union, die es zum Beispiel vielen deutschstämmigen Familien in Polen, Russland oder anderen Ländern des ehemaligen Ostblocks möglich macht, in die Bundesrepublik auszusiedeln.

Kriegerische Auseinandersetzungen (Bosnien-Herzegowina, Kroatien, Jugoslawien, Kosovo usw.), politische Verfolgung (Türkei, Iran) und das ungerechte wirtschaftliche Gefälle zwischen den wohlhabenden Staaten des Nordens und den armen Ländern des Südens führen ebenfalls dazu, dass immer mehr Menschen ihre Heimatländer verlassen bzw. verlassen müssen und in der Bundesrepublik Asyl suchen.

Plenum

X Besorgen Sie sich aktuelle Informationen über das Staatsbürgerschaftsrecht und diskutieren Sie Ihre Einstellungen in einer Pro-Kontra-Runde. Nachfolgende Statistiken können ebenfalls als Diskussionsgrundlage dienen.

**Ausländische Familien in Deutschland –
aus welchen Heimatländern stammen sie?**

Woher stammen nun die ausländischen Mitbürger und was hat sie veranlasst, ihre Heimat zu verlassen?

Kinder aus Gastarbeiterfamilien

Seit ca. 1955 holte die deutsche Wirtschaft Arbeitskräfte aus den Anwerbeländern Italien, Jugoslawien, Spanien, Portugal und Griechenland um in den Boom-Jahren die fehlenden Arbeitskräfte in der Bundesrepublik Deutschland zu ersetzen. In späteren Jahren kamen diese Gastarbeiter vorrangig aus der Türkei. Ab 1973 wurde diese Anwerbung zwar gestoppt, doch der weitere Zuzug von Menschen, die in der Bundesrepublik Deutschland Arbeit suchen, konnte nicht verhindert werden. Die Annahme, dass diese Gastarbeiter nach bestimmter Zeit wieder in ihre Heimatländer zurückgehen würden, erwies sich als falsch, so dass es zu Familienzusammenführungen kam und die Nachfahren dieser Familien heute schon bis in die dritte Generation hinein weiter in Deutschland leben und zum Teil schon die deutsche Staatsangehörigkeit angenommen haben oder mit deutschen Ehepartnern verheiratet sind. Viele besitzen eine unbefristete Aufenthaltserlaubnis, andere streben jedoch die Rückkehr in das eigene Heimatland weiterhin an.

Gegenstand der Nachweisung	Eingebürgerte Personen nach Altersgruppen, Aufenthaltsdauer sowie ausgewählten früheren Staatsangehörigkeiten*)									
		Darunter nach der früheren Staatangehörigkeit								
	Insgesamt	Italien	Jugoslawien 1)	Österreich	Polen	Rumänien	ehem. Sowjetunion	ehem. Tschecho- slowakei	Türkei	Ungarn
1995	313.606	1.281	8.871	493	10.174	12.028	214.927	1.195	31.578	1.305
1996	302.830	1.297	8.307	605	7.872	9.777	194.849	859	46.294	1.027
davon (1996): Anspruchseinbürgerungen	265.226	1.132	6.627	528	6.136	9.114	193.929	424	30.174	719
dar. nach §§ 85 u. 86 Abs. 1 AuslG	48.752	1.059	6.152	501	490	78	174	278	28.722	14
Ermesseneinbürgerungen	37.604	165	1.680	77	1.736	663	920	435	16.120	308
dar. nach § 86 Abs. 2 AuslG	18.070	90	829	27	49	14	19	27	13.061	29
1996 nach dem Geschlecht										
Männlich	147.978	640	3.644	274	3.793	4.739	94.867	389	21.816	603
Weiblich	154.852	657	4.663	331	4.079	5.038	99.982	470	24.478	424
1996 nach Altersgruppen										
Alter von ... bis unter ... Jahren										
unter 18	95.738	183	1.241	64	2.052	2.108	65.724	152	14.437	126
18 - 25	38.186	208	2.141	71	758	1.043	20.884	97	9.131	77
25 - 35	51.470	433	1.462	143	1.644	1.916	28.164	151	11.022	153
35 - 45	56.593	240	1.259	114	1.849	1.656	38.399	233	5.796	344
45 - 55	25.065	131	1.577	134	883	970	13.786	156	3.945	225
55 und mehr	35.778	102	627	79	686	2.084	27.892	70	1.963	102
1996 nach der Aufenthaltsdauer 2)										
Aufenthalt von ... bis unter ... Jahren										
unter 6	9.028	44	298	16	285	155	497	79	4.292	29
dar. Kinder unter 18 Jahren	6.939	38	229	9	71	14	66	22	4.074	12
6 - 11	14.361	41	280	26	806	395	307	154	6.125	105
dar. Kinder unter 18 Jahren	7.479	35	219	10	158	20	32	46	4.516	18
11 - 21	13.320	61	690	24	629	108	102	197	5.450	155
dar. Kinder unter 18 Jahren	6.632	46	461	17	100	11	8	28	4.078	34
21 und mehr	816	18	234	11	17	4	6	5	244	18

*) Deutschland.
1) Einschl. Kroatien (1996: 2.391), Slowenien (1996: 608), Bosnien und Herzegowina (1996: 1.926) sowie Mazedonien (1996: 415), die seit 1992 bzw. 1993 selbstständige Staaten sind.
2) Nur Ermesseneinbürgerungen. – Ohne Einbürgerungen von Personen, die im Ausland leben.
(aus: Statistisches Jahrbuch 1998, Statistisches Bundesamt Wiesbaden)

Gruppenarbeit

✗ Stellen Sie anhand der Statistik: „Nach ausgewählten Staatsangehörigkeiten" fest, aus welchen Ländern vorrangig die Immigranten stammen.

✗ Begründen Sie, weshalb es in einigen Bereichen zur Abnahme, in anderen zu einer Zunahme der Zahlen kommt.

✗ Überprüfen Sie durch eine Nachfrage in Ihrem Kindergarten, ob diese Entwicklung an der Anzahl und Abstammung der ausländischen Kinder zu belegen ist.

Staatsangehörigkeit	Nach ausgewählten Staatsangehörigkeiten*)								
	31.12.1996				31.12.1997				
	Insgesamt		Männlich		Insgesamt		Männlich		Veränderung (+/–) 1997 gegenüber 1996 insgesamt
	1.000	%	1.000	%	1.000	%	1.000	%	1.000	%
Europa	6.003,9	82,1	3.309,6	81,2	6.004,7	81,5	3.285,5	80,6	+ 0,8	+ 0,0
dar.: EU-Länder 1)	1.839,9	25,2	1.033,6	25,3	1.850,0	25,1	1.036,2	25,4	+ 10,1	+ 0,5
dar.: Italien	599,4	8,2	360,9	8,8	607,9	8,3	364,9	9,0	+ 8,5	+ 1,4
Griechenland	362,5	5,0	199,9	4,9	363,2	4,9	200,1	4,9	+ 0,7	+ 0,2
Österreich	184,9	2,5	102,1	2,5	185,1	2,5	101,8	2,5	+ 0,2	+ 0,1
Portugal	130,8	1,8	77,4	1,9	132,3	1,8	77,5	1,9	+ 1,5	+ 1,1
Spanien	132,5	1,8	71,1	1,7	131,6	1,8	70,1	1,7	– 0,9	– 0,7
Bosnien und Herzegowina	340,5	4,7	173,4	4,3	281,4	3,8	14,23	3,5	– 59,1	– 17,4
Bulgarien	36,0	0,5	21,9	0,5	34,5	0,5	20,6	0,5	– 1,5	– 4,2
Jugoslawien 2)	754,3	10,3	427,8	10,5	721,0	9,8	408,1	10,0	– 33,3	– 4,4
Kroatien	201,9	2,8	105,5	2,6	206,6	2,8	107,0	2,6	+ 4,7	+ 2,3
Polen	283,4	3,9	159,6	3,9	283,3	3,8	154,4	3,8	– 0,1	– 0,0
Rumänien	100,7	1,4	61,1	1,5	95,2	1,3	56,4	1,4	– 5,5	– 5,5
Schweiz	36,5	0,5	16,2	0,4	36,8	0,5	16,4	0,4	+ 0,3	+ 0,8
Türkei	2.049,1	28,0	1.119,9	27,5	2.107,4	28,6	1.147,2	28,1	+ 58,3	+ 2,8
Ungarn	55,7	0,8	37,8	0,9	52,0	0,7	33,5	0,8	– 3,7	– 6,6
Afrika	298,6	4,1	202,0	5,0	305,6	4,1	204,8	5,0	+ 7,0	+ 2,3
dar.: Athiopien	19,6	0,3	11,3	0,3	18,7	0,3	10,7	0,3	– 0,9	– 4,6
Algerien	17,2	0,2	14,0	0,3	17,5	0,2	14,3	0,4	+ 0,3	+ 1,7
Ghana	21,8	0,3	13,3	0,3	22,2	0,3	13,2	0,3	+ 0,4	+ 1,8
Marokko	82,9	1,1	50,4	1,2	83,9	1,1	50,9	1,2	+ 1,0	+ 1,2
Tunesien	25,7	0,4	16,5	0,4	25,4	0,3	16,3	0,4	– 0,3	– 1,2
Amerika	189,6	2,6	95,4	2,3	194,4	2,6	96,4	2,4	+ 4,8	+ 2,5
dar.: Kanada	10,8	0,1	5,4	0,1	11,1	0,2	5,5	0,1	+ 0,3	+ 2,8
Vereinigte Staaten	109,6	1,5	63,2	1,5	110,1	1,5	63,2	1,6	+ 0,5	+ 0,5
Asien	743,8	10,2	424,9	10,4	781,0	10,6	442,8	10,9	+ 37,2	+ 5,0
dar.: Afghanistan	63,1	0,9	35,0	0,9	66,4	0,9	36,8	0,9	+ 3,3	+ 5,2
China 3)	34,6	0,5	21,4	0,5	36,7	0,5	22,4	0,5	+ 2,1	+ 6,1
Indien	35,6	0,5	25,9	0,6	36,6	0,5	25,7	0,6	+ 1,0	+ 2,8
Iran, Islam. Republik	111,1	1,5	67,3	1,6	113,8	1,5	68,5	1,7	+ 2,7	+ 2,4
Japan	28,1	0,4	13,4	0,3	28,4	0,4	13,4	0,3	+ 0,3	+ 1,1
Libanon	55,6	0,8	33,3	0,8	55,9	0,8	33,3	0,8	+ 0,3	+ 0,5
Pakistan	37,9	0,5	26,8	0,7	38,5	0,5	27,0	0,7	+ 0,6	+ 1,6
Philippinen	25,2	0,3	5,1	0,1	25,3	0,3	5,2	0,1	+ 0,1	+ 0,4
Sri Lanka	58,3	0,8	37,4	0,9	60,3	0,8	38,3	0,9	+ 2,0	+ 3,4
Thailand	28,5	0,4	4,6	0,1	30,3	0,4	4,5	0,1	+ 1,8	+ 6,3
Australien und Ozeanien	9,4	0,1	5,0	0,1	9,6	0,1	5,1	0,1	+ 0,2	+ 2,1
Staatenlos	18,6	0,3	11,1	0,3	18,2	0,2	10,8	0,3	– 0,4	– 2,2
Ungeklärt und ohne Angabe	50,4	0,7	30,3	0,7	52,3	0,7	31,6	0,8	+ 1,9	+ 3,8
Insgesamt	**7.314,0**	**100**	**4.078,3**	**100**	**7.365,8**	**100**	**4.077,0**	**100**	**+ 51,8**	**+ 0,7**

*) *Auszählung des Ausländerzentralregisters beim Bundesverwaltungsamt (Köln) durch das Statistische Bundesamt.*

1) *Einschl. der Angaben für Finnland, Österreich und Schweden, die seit 1.1.1995 Vollmitglied der Europäischen Union sind.*

2) *Nachgewiesen werden alle Personen, die im Ausländerzentralregister am Auszählungsstichtag mit jugoslawischer Staatsangehörigkeit geführt wurden.*

3) *Ohne Taiwan.*

Land	Nach Ländern*)						Veränderung (+/–) 1997 gegenüber 1996	
	31.12.1996			31.12.1997				
	1.000	%	Je 1.000 Einwohner	1.000	%	Je 1.000 Einwohner 4)	1.000	%
Baden-Württemberg	1.290,8	17,6	124	1.280,0	17,4	123	– 10,8	– 0,8
Bayern	1.108,9	15,2	92	1.110,7	15,1	92	+ 1,8	+ 0,2
Berlin	468,6	6,4	135	478,8	6,5	139	+ 10,2	+ 2,2
Brandenburg	62,0	0,8	24	58,4	0,8	23	– 3,6	–5,8
Bremen	81,7	1,1	120	82,1	1,1	122	+ 0,4	+ 0,5
Hamburg	288,3	3,9	169	310,3	4,2	182	+ 22,0	+ 7,6
Hessen	832,5	11,4	138	839,3	11,4	139	+ 6,8	+ 0,8
Mecklenburg-Vorpommern	26,3	0,4	14	25,6	0,3	14	– 0,7	– 2,7
Niedersachsen	480,0	6,6	61	480,6	6,5	61	+ 0,5	+ 0,1
Nordrhein-Westfalen	1.992,8	27,2	111	2.011,4	27,3	112	+ 18,5	+ 0,9
Rheinland-Pfalz	299,3	4,1	75	300,4	4,1	75	+ 1,1	+ 0,4
Saarland	79,9	1,1	74	79,9	1,1	74	– 0,0	– 0,0
Sachsen	85,3	1,2	19	85,9	1,2	19	+ 0,7	+ 0,8
Sachsen-Anhalt	48,5	0,7	18	49,1	0,7	18	+ 0,6	+ 1,2
Schleswig-Holstein	140,1	1,9	51	142,3	1,9	52	+ 2,3	+ 1,6
Thüringen	29,0	0,4	12	31,0	0,4	12	+ 2,0	+ 6,9
Deutschland	7.314,0	100	89	7.365,8	100	90	+ 51,8	+ 0,7

*) Auszählung des Ausländerzentralregisters beim Bundesverwaltungsamt (Köln) durch das
Statistische Bundesamt.
4) Bezogen auf die Bevölkerung vom 30.9.1997.
(aus: Statistisches Jahrbuch 1998, Statistisches Bundesamt Wiesbaden)

Kinder von Aussiedlerfamilien

In den osteuropäischen Ländern gab es schon seit langer Zeit viele Familien
deutscher Abstammung, die in diesen Gebieten Arbeit fanden, Land bewirt-
schafteten und dort sesshaft wurden.

Nach dem zweiten Weltkrieg wurden sie, auf Grund der negativen Erfahrungen der Bewohner dieser Länder mit dem Nationalsozialismus, von der Mehr-
heit teilweise unterdrückt, mussten sich der vorherrschenden Kultur der Mehr-
heit der Bevölkerung unterordnen und die vorherrschende Landessprache erlernen. Auf der anderen Seite versuchten sie jedoch auch als Minderheit ihre
eigene Kultur zu bewahren, was dazu führte, dass die Kinder zwei ganz unterschiedlichen Sozialisationsbedingungen unterlagen und in unterschiedlichen Kulturkreisen aufwuchsen. Teilweise kam es auch zu Zwangsumsied-
lungen und einer gewaltsamen Trennung bestehender Bevölkerungsgruppen.
Mit dem Zusammenbruch des kommunistischen Wirtschaftssystems, der damit verbundenen Demokratisierung in den angrenzenden Staaten des ehemaligen Ostblocks und mit der Öffnung der Grenzen wurde es ihnen möglich,
in die Bundesrepublik Deutschland auszusiedeln.

„Aussiedlerfamilien kommen mit dem Wunsch in die Bundesrepublik, hier zu
bleiben und hier ihr Leben zu gestalten. Sie möchten nach eigenen Angaben

••••▶ als Deutsche unter Deutschen leben,

••••▶ sich zum deutschen Volkstum bekennen können,

••••▶ nicht weiter sprachlichen, beruflichen, kulturellen, religiösen und sozialen Diskriminierungen ausgesetzt sein,

••••▶ bessere Chancen in einer freien Gesellschaft haben,

••••▶ ihren Kindern bessere Bildungschancen anbieten können,

••••▶ Kontakte zu Verwandten wieder aufnehmen können,

····▶ ihr Leben freier gestalten können,

····▶ ihre Religion ausüben können,

····▶ am besseren Lebensstandard in der Bundesrepublik teilnehmen können." (Gugel 1991, S. 108).

Mittlerweile sind jedoch viele Aussiedlerfamilien von den tatsächlichen Lebensbedingungen und den vorgefundenen Möglichkeiten enttäuscht worden. Die Überbewertung der Möglichkeiten, in der Bundesrepublik alle diese Vorstellungen verwirklichen zu können ist mittlerweile einer realistischeren Einstellung gewichen. So bestehen, wie bei anderen Zugezogenen, teilweise enorme Sprachschwierigkeiten. Wertvorstellungen, die in der eigenen Heimat galten, haben hier in Deutschland an Gültigkeit verloren (z. B. durch Auflockerung religiöser Vorstellungen, Gleichberechtigung der Geschlechter usw.), Wohnungen sind sehr teuer, Vermieter reserviert und eine berufliche Tätigkeit wird oft nicht gefunden oder entspricht nicht dem vorherigen Bildungsniveau, da Schul- und Studienabschlüsse des Herkunftslandes in der Bundesrepublik nicht anerkannt werden.

Das alles führt häufig dazu, dass Aussiedlerfamilien sich vom gesellschaftlichen Leben zurückziehen und sich in eine soziale Isolation begeben.

Gruppenarbeit

X Beschreiben Sie anhand der Statistik: „Aussiedler und Aussiedlerinnen nach Herkunftsgebieten und Altersgruppen" die Entwicklung der Zuwanderung von Aussiedlern.

X Versuchen Sie Begründungen für diese Entwicklung aufzustellen.

	Aussiedler und Aussiedlerinnen nach Herkunftsgebieten und Altersgruppen							
	Aufnahme von Aussiedlern und Aussiedlerinnen im (in)							
	früheres Bundesgebiet			Deutschland				
Herkunftsgebiet Alter von … bis unter … Jahren	1968 bis 1984	1985	1990 1)	1993	1994	1995	1996	1997
Insgesamt	**652.897**	**38.968**	**397.075**	**218.888**	**222.591**	**217.898**	**177.751**	**134.419**
nach Herkunftsgebiet 2)								
Polen	365.234	22.075	113.253	5.431	2.440	1.677	1.175	687
Ehem. Sowjetunion	72.664	460	147.455	207.347	213.214	209.409	172.181	131.895
Bulgarien	195	7	27	2	2	2	6	–
Rumänien	147.528	14.924	107.189	5.811	6.615	6.519	4.284	1.777
Ehem. Tschechoslowakei	47.011	757	1.324	134	97	62	14	10
Ungarn	7.065	485	1.038	37	40	43	14	16
Sonstige Länder	3.218	69	11	6	1	186	77	34
nach Altersgruppen 3)								
unter 6	48.488	2.607	38.397	21.301	19.262	18.058	13.816	9.897
6 - 18	132.310	6.303	66.905	55.218	57.477	56.764	45.748	33.545
18 - 25	76.142	4.358	47.418	20.385	22.529	23.462	20.388	16.528
25 - 45	212.188	13.353	124.087	74.486	75.595	73.795	60.157	43.583
45 - 65	127.912	8.506	71.723	31.360	31.147	30.327	26.056	21.085
65 und mehr	55.857	2.701	22.297	16.138	16.581	15.492	11.586	9.781

1) Ab 1.11.1990 in Deutschland.
2) Für das Berichtsjahr 1990 nur Angaben über die von den Ländern aufgenommenen Personen.
3) Für das Berichtsjahr 1985 und 1990 nur Angaben über die von den Ländern aufgenommenen Personen.
(Quelle: Bundesverwaltungsamt Köln. Aus: Statistisches Jahrbuch 1998, Statistisches Bundesamt Wiesbaden)

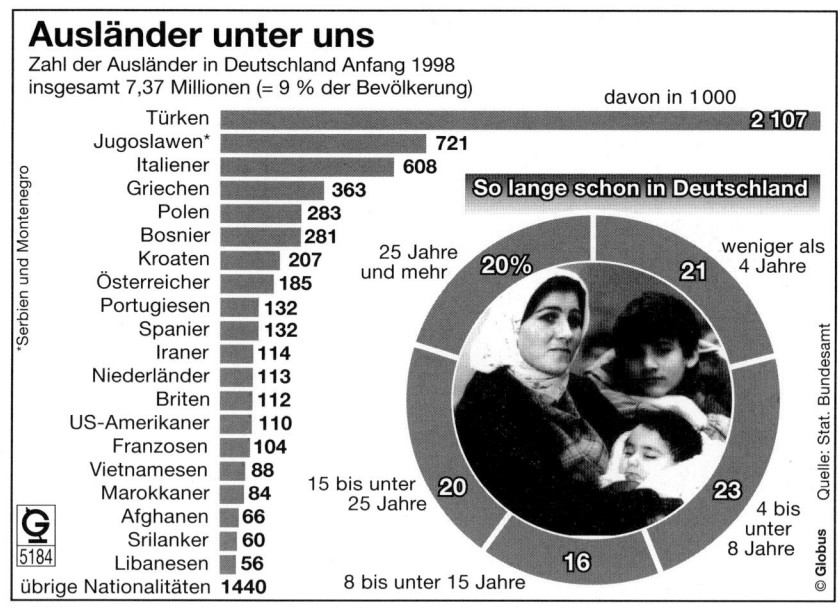

Ausländer unter uns

Zahl der Ausländer in Deutschland Anfang 1998
insgesamt 7,37 Millionen (= 9 % der Bevölkerung)

davon in 1 000

Türken	2 107
Jugoslawen*	721
Italiener	608
Griechen	363
Polen	283
Bosnier	281
Kroaten	207
Österreicher	185
Portugiesen	132
Spanier	132
Iraner	114
Niederländer	113
Briten	112
US-Amerikaner	110
Franzosen	104
Vietnamesen	88
Marokkaner	84
Afghanen	66
Srilanker	60
Libanesen	56
übrige Nationalitäten	1440

*Serbien und Montenegro

G
5184

So lange schon in Deutschland

25 Jahre und mehr **20%**

weniger als 4 Jahre **21**

15 bis unter 25 Jahre **20**

4 bis unter 8 Jahre **23**

8 bis unter 15 Jahre **16**

Quelle: Stat. Bundesamt

© Globus

Situation der Flüchtlinge, Asylsuchende, Asylanten

Menschen, die in der Bundesrepublik Asyl (= Zuflucht vor Verfolgung) suchen und beantragen, kommen aus Staaten, in denen sie politisch, ihrer Religion oder ihrer ethnischen Zugehörigkeit wegen, verfolgt und mit Strafe, Folter oder mit dem Tod bedroht werden (Bsp. Kurden in der Türkei, dem Iran und Irak) oder aus Krisen- und Kriegsgebieten (Bsp. Kroatien, Bosnien, Jugoslawien, Staaten in Afrika und Asien) wo sie vor den Wirren und Bedrohungen fliehen. Sie leiden häufig unter den schlimmen Eindrücken des Krieges, der Verfolgung und den schrecklichen Dingen, die sie erleben mussten und noch nicht verarbeiten konnten.

Nach dem Gesetz unterscheidet man Asylbewerber, d.h. Menschen, die um ein Bleiberecht ersuchen und deren Antrag auf ein Asyl noch nicht bearbeitet oder rechtskräftig entschieden worden ist, Asylberechtigte, deren Antrag positiv beschieden ist und Flüchtlinge, die sich zwar in Deutschland aufhalten und geduldet werden, da eine Abschiebung Gefahren für ihr Leben bedeutet, aber kein Anrecht auf Asyl besitzen.

Asylbewerber und Flüchtlinge wissen nicht, wie lange sie in der Bundesrepublik verweilen können und wann sie wieder ausgewiesen werden. Ihre Bewegungsmöglichkeiten sind sehr eingeschränkt, da ihnen der Wohnort zugewiesen wird und sie in „Asylantenwohnheimen" untergebracht werden, wo ihnen nur ein geringes Raumangebot zur Verfügung steht. Fehlender persönlicher Freiraum und mangelnde Berücksichtigung religiöser und ethnischer Zugehörigkeit führen häufig zu Spannungen und Auseinandersetzungen zwischen den Bewohnern. Einer beruflichen Tätigkeit dürfen sie nicht nachgehen und sind damit auf die Unterstützung durch den Staat angewiesen, was eine Konkurrenzsituation zu deutschen Sozialhilfeempfängern entstehen lässt.

Daher leben Asylbewerber und Flüchtlinge sehr oft isoliert und sind Zielscheibe von Übergriffen rechtsradikaler Gruppierungen.

Asylberechtigten Bürgern ist es erlaubt den Wohnort frei zu wählen und einer Beschäftigung nachzugehen. Auch die Tatsache, dass ein weiterer Aufenthalt in der Bundesrepublik möglich ist, gibt ihnen Sicherheit.

Allen gemeinsam ist die Erscheinung, dass sie durch ihr Aussehen, ihre mangelnden Verständigungsmöglichkeiten, ihre anderen Wertvorstellungen und Verhaltensweisen Ablehnung und Angst hervorrufen.

Partnerarbeit

X Beschreiben Sie anhand der Tabelle: „Asylsuchende nach ausgewählten Staatsangehörigkeiten" die Entwicklung der Asylanträge.

X Ermitteln Sie die Gründe, die dazu führen, dass Asylsuchende gerade dieses betreffende Heimatland verlassen.

X Untersuchen Sie, wo in Ihrer Gemeinde oder Nachbargemeinde Asylanten untergebracht werden und wie sich die Wohnverhältnisse gestalten.

Staatsangehörigkeit	Asylsuchende nach ausgewählten Staatsangehörigkeiten								
	früheres Bundesgebiet			Deutschland					
	1980	1985	1990	1992	1993	1994 1)	1995	1996	1997
Europa	65.809	18.174	101.631	310.529	232.678	77.170	67.411	51.936	41.541
darunter:									
Bulgarien	157	97	3.841	31.540	22.547	3.367	1.152	940	761
Jugoslawien 2)	–	–	22.114	12.666	95.863	39.281	32.711	20.946	17.471
Polen	2.090	6.672	9.155	4.212	1.670	498	119	137	151
Rumänien	777	887	35.345	103.787	73.717	9.581	3.522	1.395	794
Türkei	57.913	7.528	22.082	28.327	19.104	19.118	25.514	23.814	16.840
Afrika	8.339	8.093	24.210	67.408	37.570	17.341	14.374	15.520	14.126
darunter:									
Äthiopien	3.614	2.625	2.068	1.592	688	946	1.168	1.292	878
Algerien	23	21	1..035	769	11.262	2.784	1.447	1.417	1.586
Ghana	2.768	3.994	3.786	6.994	1.973	300	275	277	369
Kongo, Dem. Rep. 3)	26	48	1.389	8.305	2.896	1.579	2.546	2.971	1.920
M	–	158	5.399	10.486	1.083	838	1.164	1.687	1.137
Amerika u. Australien	217	97	402	356	287	214	234	380	436
Asien	31.998	44.298	60.900	56.480	50.209	31.249	43.920	45.634	45.549
darunter:									
Afghanistan	5.466	2.632	7.348	6.351	5.506	5.642	7.515	5.663	4.735
Indien	6.693	4.471	5.612	5.798	3.087	1.788	2.691	2.772	1.860
Irak	–	568	707	1.484	1.246	2.066	6.880	10.842	14.088
Iran, Islam. Republik	749	8.840	7.271	3.834	2.664	3.445	3.908	4.809	3.83
Libanon	1.457	4.576	16.229	5.622	2.449	1.456	1.126	1.132	964
Pakistan	6.824	3.240	3.983	5.215	2.753	2.010	3.116	2.596	2.316
Sri Lanka	2.673	17.380	4.361	5.303	3.280	4.813	6.048	4.982	3.989
Staatenlose u. a.	1.455	3.170	5.920	3.418	1.236	1.855	1.998	2.897	2.701
Insgesamt	**107.818**	**73.832**	**193.063**	**438.191**	**322.599**	**127.210**	**127.937**	**116.367**	**104.353**

1) Ab Berichtsjahr 1994 werden nur noch Erstanträge erfasst.
2) Einschl. Kroatien (1997: 387), Slowenien (1997: 7), Bosnien und Herzegowina (1997: 1.668)
*   sowie Mazedonien (1997: 620), die seit 1992 bzw. 1993 selbstständige Staaten sind.*
3) Ehem. Zaire.
(aus: Bundesamt für die Anerkennung ausländischer Flüchtlinge, Nürnberg)

Ausländerkinder in Deutschland –
auf welche Schwierigkeiten treffen sie im Kindergarten?

Alle ausländischen Kinder in einem Kindergarten haben gemeinsam, dass Erwartungen und Anforderungen aus ganz unterschiedlichen Kulturen auf sie eindringen, die Konflikte in ihnen hervorrufen.

Eine herausragende Schwierigkeit stellt das Sprachproblem dar, da das Beherrschen der Muttersprache Grundlage für eine positive Identitätsbildung und den Aufbau einer selbstbewussten Persönlichkeit ist. Daher ist eine Akzeptanz der Verwendung der Muttersprache durch das ausländische Kind zur Entwicklung seines Selbstbewusstseins pädagogisch sinnvoll und unverzichtbar. Erst wenn die eigene Sprache beherrscht wird, ist es einem Kind möglich eine Zweitsprache zu erwerben.

In Kindertagesstätten und Kindergärten wird seitens der Erzieherinnen auf diesen Umstand oft keine Rücksicht genommen. Die Aufforderung: „Rede Deutsch!" ist hier sicherlich der falsche Weg und führt oft dazu, dass ausländische Kinder dann lieber schweigen, sich zurückziehen und sich isoliert vorkommen. Dagegen ist eine sprachliche Integration und eine Rücksichtnahme zu wünschen und auch erforderlich. Das bedeutet, dass Erzieherinnen und Kinderpflegerinnen sich um das Einbringen der Muttersprache der Kinder bemühen müssen, sei es bei einer Begrüßung, beim Singen von Kinderliedern aus anderen Ländern, bei gemeinsamen Aktionen mit den Eltern auch der ausländischen Kinder, beim gemeinsamen Essen, beim Betrachten mehrsprachiger Bilderbücher, beim Anhören von Musikkassetten mit Liedern aus den Heimatländern der Kinder oder bei vielen anderen Gelegenheiten.

Wenn Ausländerkinder erleben, dass sich deutsche Kinder und Kinderpflegerinnen im Kindergarten bemühen auch Begriffe oder Redewendungen aus ihrer Muttersprache zu verwenden, so fühlen sie sich akzeptiert , angenommen und können sich in das Gruppengeschehen einbringen (vgl. Götz 1996).

Ein weiteres Problemfeld bilden die unterschiedlichen Verhaltenserwartungen, die an die ausländischen Kinder gestellt werden und die aus verschiedenen Vorstellungen über moralische Werte und Glaubensanforderungen sowie unterschiedlichen Sozialisationsbedingungen resultieren. So soll z. B. ein Kind im Kindergarten zur Selbstständigkeit und zur freien Meinungsäußerung erzogen werden. Es soll seine Bedürfnisse benennen und auf seine Fähigkeiten und Interessen soll Rücksicht genommen werden (siehe GTK). Zu Hause, in der Familie des ausländischen Kindes, ist solch ein Rollenverständnis jedoch vielleicht gar nicht gefragt, hier muss es sich vielleicht eher unterordnen. Verhaltensmuster und Rollenerwartungen, die die Familienmitglieder an ausländische Kinder stellen, stimmen nicht mit den Erwartungen der Beschäftigten in den pädagogischen Einrichtungen überein. So hat die angehende Kinderpflegerin Sonja aus dem Eingangsbeispiel Probleme mit dem Rollenverhalten der türkischen Jungen. Diese kommen vielleicht mit den unterschiedlichen Anforderungen der Familie und der Kinderpflegerin nicht klar, da sie sich für ein Verhaltensmuster entscheiden müssen oder im Kindergarten ein anderes „Männerverhalten" leben als in ihrer Familie. Solche Konflikte fördern nicht das Selbstvertrauen der Kinder. Kenntnisse über Normen, Wertvorstellungen und Sozialisationsbedingungen ausländischer Kinder sind für eine effektive Arbeit der Kinderpflegerinnen im Kindergarten unabdingbar. Dies gilt um so mehr, je größer der Unterschied der Kulturen voneinander ist.

Alle diese Bedingungen führen oft dazu, dass ausländische Kinder im Kindergarten überfordert werden und sich deshalb nicht wohl fühlen können. Sie erleben Misserfolge, werden nicht anerkannt bzw. gemieden, was dazu führt, dass sie sich zurückziehen oder nur mit ihren Landsleuten spielen.

Der Wunsch, bestimmten Gruppen im Kindergarten anzugehören, von anderen akzeptiert und geliebt zu werden führt oft dazu, dass das ausländische Kind andere Verhaltensweisen annehmen muss, als es von Seiten der Familie kennt, so dass es sich ständig in einem Zwiespalt befindet, sich in die Gruppe einzubinden und sich vom Elternhaus zu entfremden oder die familiären Werte und Normen zu leben und von der sozialen Gruppe im Kindergarten ausgeschlossen zu sein. Verhaltensunsicherheiten und unterschiedliche oder gegensätzliche Verhaltenserwartungen geben dem Kind keine klare Orientierungsmöglichkeit, die zum Aufbau einer stabilen Persönlichkeit gerade in diesem Alter unverzichtbar ist.

Für die Mitarbeiter in den pädagogischen Einrichtungen heißt dies, verstärkt auf die Bedürfnisse der ausländischen Kinder einzugehen, ihre Integration zu fördern, mit den ausländischen Eltern zusammenzuarbeiten und die anderen Kinder für die Probleme der ausländischen Kinder zu sensibilisieren.

Einzelarbeit

✗ Befragen Sie die Erzieherinnen in Ihrem Kindergarten nach ihrer Einstellung zur These: In einem deutschen Kindergarten darf nur deutsch gesprochen werden.

Einzelarbeit

✗ Untersuchen Sie, ob in den letzten Wochen pädagogische Aktionen zur Förderung der Heimatsprache ausländischer Kinder stattgefunden haben? Wenn ja, welche?

✗ Befragen Sie ausländische Eltern, wie sie zum Thema Zweisprachigkeit im Kindergarten stehen und wie sie zu Hause mit ihren Kindern sprechen.

5.1.2   Ziele der interkulturellen Erziehung

So breit gefächert wie die Forderungen der Gesellschaft für den Umgang mit Ausländern sind, so vielfältig sind auch die Ansichten der Mitarbeiter in den Kindergärten über die erforderlichen Erziehungsziele für deutsche und ausländische Kinder in ihrem täglichen Zusammensein.

Die unterschiedlichen Auffassungen der angehenden Kinderpflegerinnen aus dem Eingangsbeispiel (Szenario) spiegeln dieses zwiespältige Verhältnis und die verschiedenen Einstellungen zum Umgang mit Kindern bzw. Ausländern wider. So stellen Forderungen nach vollständiger Anpassung und eine weitgehende Ablehnung von Ausländern, so wie Klaudia sie vertritt, eine extreme Position dar. Andererseits findet man jedoch auch in Kindergärten Erzieherinnen, die die Bedürfnisse der ausländischen Kinder überbewerten und anderen Erfordernissen voranstellen (z. B. Rücksichtnahme auf religiöse Vorschriften).

Auch das völlige Ignorieren von Bedürfnissen ausländischer Kinder ist anzutreffen.

Alle diese Extrempositionen können jedoch nicht Grundlage für eine vernünftige interkulturelle Erziehung sein.

Welche Zielvorstellungen sollten im Kindergarten für eine gemeinsame Erziehung von deutschen und ausländischen Kindern denn dann gelten?

„Interkulturelle Erziehung will darauf vorbereiten, dass Menschen unterschiedlicher Kultur zusammenleben und sich gegenseitig bereichern können" (Ute 1997, S. 33).

Interkulturelle Erziehung soll demnach:

····▶ „zu einem gleichberechtigten Zusammenleben von Fremden und Einheimischen erziehen;

····▶ Menschen unterschiedlicher Kulturen zu Kommunikationsfähigkeit erziehen;

····▶ Menschen unterschiedlicher Kulturen dazu befähigen, Konflikte friedlich und nach akzeptablen Regeln zu bewältigen." (vgl. ebd.)

Asit Datta führt in ihrem Aufsatz „Interkulturelle Bildung" in der Zeitschrift „Pädagogik und Schulalltag" Helmut Essinger an, der fünf Prinzipien für die interkulturelle Bildung in der Schule und im Unterricht für unabdingbar hält und die auch für die pädagogische Arbeit in einem Kindergarten gelten. Diese sind:

····▶ Erziehung zur Empathie,

····▶ Erziehung zur Solidarität,

····▶ Erziehung zum kulturellen Respekt,

····▶ Erziehung zum Universalismus und

····▶ Erziehung zur Weltzivilisation (= gegen Rassismus) (vgl. Datta 1995, S. 464)

Erziehung zur Empathie

Unter Empathie versteht man die Bereitschaft und die Fähigkeit sich in andere Menschen, ihre Einstellungen, Gefühle und Ansichten hineinversetzen zu können. Um diese Bereitschaft bei Kindern fördern oder erzielen zu können, muss die Kinderpflegerin selbst diese Bereitschaft und Fähigkeit aufbringen. Sie ist eine Grundvoraussetzung um im Kindergarten erfolgreich miteinander umgehen zu können. Bedeutet solch ein Einfühlungsvermögen gegenüber Kindern gleicher Kulturzugehörigkeit aufzubringen schon eine große Anstrengung, so stellt sie im interkulturellen Erziehungsverhalten eine besondere Herausforderung dar und ist nur zu verwirklichen, wenn grundlegende Kenntnisse über die Kulturen der Herkunftsländer der ausländischen Kinder vorhanden sind.

Erziehung zur Solidarität

Nur wenn ich in der Lage bin, mich in andere hineinversetzen zu können, kann ich mich ihnen gegenüber tolerant verhalten und mich mit ihren Interessen solidarisch erklären. Erziehung zur Solidarität und Toleranz kann nicht verstanden werden als grenzenloses Akzeptieren des anderen. Es heißt auch nicht, ein konfliktfreies und friedfertiges Nebeneinander zu schaffen, das das ausländische Kind ohne jede Einschränkung und Anpassung gewähren lässt. Hier müssen Gelegenheiten geschaffen werden und pädagogische Aktionen durchgeführt werden, die es möglich machen, dass es zu einem gemeinsamen, gegenseitigen Lernen, Geben und Nehmen kommen kann, denn nur dann, wenn die eigene kulturelle Zugehörigkeit erlebt wird und dieses Erleben zugelassen und gefördert wird, kommt es zur Ausbildung einer eigenen Identität. Nur selbstbewusste Menschen sind in der Lage, den anderen anzunehmen und sich mit ihm für gemeinsame Ziele einzusetzen.

Erziehung zum kulturellen Respekt

Interkulturelles Lernen kann sich nur dann optimal vollziehen, wenn die unterschiedlichen Kulturen als gleichberechtigt angesehen werden. Das bedeutet, dass die eigene Kultur nicht als die Bessere und Überlegene angesehen wird, sondern verstanden wird, dass jeder Kulturkreis seine Besonderheiten aufweist, die es zu beachten und zu berücksichtigen gilt. Nur wenn die kulturellen Eigenheiten, unter denen ein Kind aufwächst, berücksichtigt werden, ist eine Entwicklung zur Ich-Stärke und zum Selbstbewusstsein möglich. Dies bedingt auch, dass das Sprechen der eigenen Muttersprache akzeptiert und gefördert wird und damit dem ausländischen Kind bewusst wird, dass es anerkannt wird. Kulturelle Unterschiede müssen im Kindergarten bewusst und erlebbar gemacht werden, sodass Ängste, aufgrund fehlender Informationen und Kenntnisse gar nicht erst entstehen können.

Erziehung zum Universalismus

Unter Universalismus versteht man eine Lehre, die das Allgemeine gegenüber dem Besonderen betont. In einer Welt, die durch die explosive Weiterentwicklung der „Neuen Medien" und der bestehenden Verkehrsmöglichkeiten immer mehr zusammenwächst und in der sich Kulturen fortwährend annähern, kann ein „Kirchturmdenken" nicht mehr angebracht sein. Alle Gesellschaften müssen sich zwangsläufig gegenüber dem Fremden und Andersartigen öffnen. Dies gilt auch für die pädagogische Arbeit im Kindergarten.

Erziehung gegen Rassismus

Als Rassismus wird eine weltanschauliche Überzeugung bezeichnet, nach der Menschen anderer „Rassen" oder ethnischer Gruppen gegenüber der eigenen als minderwertig einzustufen sind. Die rassistische Abqualifizierung wird dabei häufig mit pseudowissenschaftlichen „Erkenntnissen" über die angebliche biologische und vor allem intellektuelle Überlegenheit der eigenen Rasse zu stützen versucht.

Rassische Vorurteile standen immer wieder als Rechtfertigungskonzept hinter Unterdrückung, Diskriminierung und Völkermord.

In Deutschland, bzw. durch Deutsche haben viele Menschen in der jüngeren Vergangenheit negative Erfahrungen mit den Auswirkungen des Rassismus der Nationalsozialisten gemacht. Allein diese Erfahrungen machen deutlich, dass eine Erziehung gegen Rassismus schon im Kindesalter für ein Zusammenleben unterschiedlicher Kulturen in einem Land unabdingbar ist.

> ## Gruppenarbeit
>
> ✗ Befragen Sie die Gruppenleiterin der Kindergartengruppe ihres Kindergartens und/oder die Leiterin der Einrichtung nach den Erziehungszielen des Kindergartenteams im Bereich der „Interkulturellen Erziehung".
>
> ✗ Entwerfen Sie eine „Hitliste" der Erziehungsziele und vertreten Sie Ihre Rangfolge in einer Diskussionsrunde.
>
> ✗ Variante: Entwickeln Sie diese „Hitliste" nach dem Schneeballprinzip – 2er Gruppe – 4er Gruppe – 8er Gruppe ...

5.1.3 Interkulturelle Erziehung im Kindergarten – Erforderliche Kompetenzen und Qualifikationen einer Kinderpflegerin

Aus dem bisher Angeführten wird deutlich, dass die Anforderungen an die pädagogischen Fachkenntnisse und an die Kompetenzen, die eine Kinderpflegerin für die Umsetzung einer wertvollen interkulturellen Erziehung benötigt, recht hoch sind. So müssen, nach Otto Filtzinger, Personen, die eine interkulturelle Kompetenz besitzen, Schüsselqualifikationen aufweisen. Sie müssen:

····▶ multikulturelle Situationen mit ihren Problemen und Chancen erfassen können,

····▶ sich als Person in multikulturellen Zusammenhängen zurechtfinden können,

····▶ als Fachkraft in multikulturellen Arbeitssituationen angemessen handeln können,

····▶ sich selbst auf interkulturelle Lernprozesse einlassen können,

····▶ interkulturelle Lernprozesse zwischen anderen Personen anstoßen und begleiten können (vgl. Filtzinger in Johann u. a. 1998).

Wenn eine Kinderpfegerin diese Schlüsselqualifikationen aufweisen will, muss sie während ihrer Berufsausbildung in der Schule und dem Kindergarten unter anderem die Kompetenzen erlangt haben, die in folgender Übersicht zusammengestellt sind. Teilweise sind diese Fähigkeiten schon angesprochen worden, teils werden sie im Folgenden kurz erläutert. Alle diese Kompetenzen stellen natürlich auch Fähigkeiten dar, die eine Kinderpflegerin bei ihrer Tätigkeit im Kindergarten ganz allgemein mitbringen muss, hier soll nur auf den Zusammenhang zur interkulturellen Erziehung hingewiesen werden.

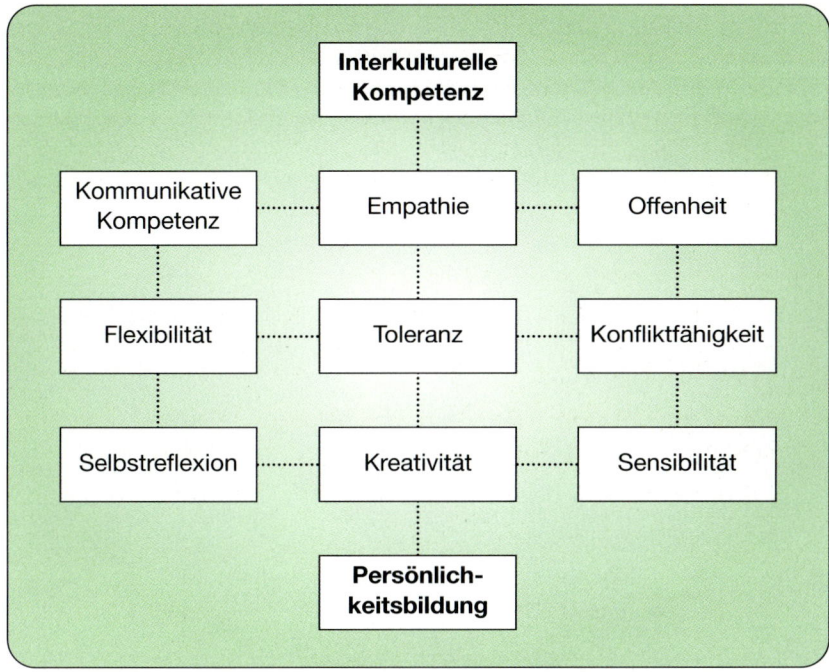

Neben dem Beherrschen der eigenen Muttersprache muss die Kinderpflegerin auch um das Einbringen und Verwenden von fremden Sprachen bemüht sein um ihre kommunikative Kompetenz auch in der Zweitsprache zu verbessern. Dies kann geschehen z. B. durch Begrüßung der ausländischen Kinder in deren Muttersprache, beim Singen von ausländischen Liedern, im Freispiel und im Rollenspiel mit den Kindern.

Die Fähigkeit sich in andere hineinversetzen zu können – Empathie – ist eine Kompetenz, die die Kinderflegerin gerade im Umgang mit ausländischen Kindern aufbringen muss um sie in ihren Gefühlen verstehen zu können und ihnen zu zeigen, dass sie angenommen werden. Sich in andere hineinversetzen können heißt aber auch, Sensibilität aufzubringen und sich Kenntnisse anzueignen über die fremden Kulturen.

Eine Kinderflegerin muss sich für alle Probleme und Belange der ausländischen Kinder interessieren und darf sich ihnen gegenüber nicht verschließen. Diese Offenheit gilt auch für den Umgang mit den Eltern dieser Kinder. Um offen Kindern begegnen zu können, muss die pädagogische Arbeit im Kindergarten selbst offen sein, sodass interkulturelles Lernen situationsbezogen geleistet werden kann. Diese Offenheit setzt dann die Fähigkeit voraus, schnell und ideenreich auf Belange der Kinder eingehen zu können. Kompetenzen wie Flexibilität, Kreativität und Sensibilität sind hier gefragt.

Außerdem muss die Kinderpflegerin ein hohes Maß an Toleranz und Konfliktfähigkeit aufbringen. Konfliktfähigkeit meint hier, dass sie in der Lage ist, fair zu streiten, Konflikte austragen zu können, Konfliktlösungen zu akzeptieren und tolerant auf die Konfliktparteien zugehen zu können.

Plenum

✗ Führen Sie eine Bearbeitung eines Fallbeispiels aus Ihrer Kindergartenarbeit durch, das eine konkrete Erziehungssituation mit ausländischen
Kindern beinhaltet. Nutzen Sie hierfür die Methode „Kollegiale Fallberatung."

Eine Fallberatung verläuft nach folgenden Schritten:

1. Klärungen
   Zeitaufwand/Pausen/Wer berichtet über seinen Fall?/Wer leitet den
   Ablauf?

2. Bericht
   Ein Teilnehmer trägt seinen Fall vor und schildert ausführlich das, was
   er erlebt hat.

3. Blitzlicht
   Was hat der Bericht in mir ausgelöst (keine Kommentare, keine Bewer-
   tungen)? Stellungnahme der an der Beratung beteiligten Personen.

4. Nachfragen
   Hier werden nur Informationsfragen an den Berichtenden gestellt.
   Keine Interpretationen vornehmen!

Plenum

5. <u>Ich als …</u>
Angeben, wie ich in dieser Situation gehandelt hätte.
Verständnis für die handelnde Person mitteilen.
„sich hineinversetzen"

6. <u>Problemlösungsversuch</u>
„Ich als … werde tun". Lösungsvorschläge benennen.

7. <u>Abschlußblitzlicht</u>
Welche Hilfen habe ich erhalten? Was ist für mich wichtig? Was ist für mich umsetzbar?

Falls Sie kein passendes Fallbeispiel zur Verfügung haben, versuchen Sie doch bitte einmal die „Fälle" aus dem Eingangsszenario mit dieser Methode zu bearbeiten. Hierbei müssen Sie die Situation im Kindergarten als Rollenspiel durchführen.

5.2   Offene Kindergartenarbeit

Szenario

Seit einigen Wochen ist Marion, 17 Jahre alt, Schülerin der Berufsfachschule mit der Fachrichtung Kinderpflege. An einem Tag in der Woche arbeitet sie im Kindergarten „Rappelkiste". In der Teamsitzung am heutigen Morgen sprach Frau Fischer, die Leiterin der Einrichtung darüber, dass sie gerne auf lange Sicht – und natürlich in kleinen Schritten – das pädagogische Konzept des Kindergarten ändern möchte. Schon seit Jahren sei an Neuerungen, was die tägliche Arbeit der Erzieherinnen und Kinderpflegerinnen angeht, nichts mehr da gewesen, jeder Tag verlaufe für die Kinder und die Mitarbeiterinnen immer gleich, und auch die Vorschulkinder würden nicht mehr so regelmäßig kommen, da sie sich offensichtlich langweilen. Vor kurzem äußerten sie: „Nöö, ich möchte nicht mehr jeden Tag in den Kindergarten, das ist so langweilig."

Frau Fischer sprach von „offener Kindergartenarbeit". Sie hoffe auf die Unterstützung und Mitarbeit des Teams, da man ja schließlich „an einem Strang ziehen müsse". Weiterhin berichtete die Leiterin, dass sie auf den letzten Leiterinnentreffen viele Anregungen bekommen hätte, doch jetzt noch nicht „vorpreschen" wolle, da sich das Team nicht überrollt fühlen solle. Sie möchte allen Mitarbeiterinnen die Möglichkeit geben erst einmal in Ruhe über eventuelle Veränderungen nachdenken zu können.

Da Marion erst seit kurzer Zeit zum Berufskolleg geht, kann sie sich unter dem Begriff der offenen Arbeit noch nichts vorstellen. Die Mitarbeiterinnen der „Rappelkiste" sind sehr nett, aber so gut, dass sie sich zu fragen wagt, was genau Frau Fischer mit diesem Begriff meinte, kennt Marion das Team noch nicht.

Auf dem Weg nach Hause macht sie sich einige Gedanken:

Heißt „offene Kindergartenarbeit", dass

••••► die Gruppenräume nicht mehr geschlossen werden?

••••► alle Türen für alle Kinder offen sind?

••••► der Kindergarten ein Haus der offenen Tür ist?

oder heißt „offene Kindergartenarbeit" vielleicht, dass

••••► alle Kinder machen können, was sie wollen?

••••► die Erzieherinnen und Kinderpflegerinnen dadurch nichts mehr zu tun haben?

••••► die Mitarbeiterinnen, Kinder und Eltern offener und ehrlicher miteinander umgehen?

oder hat die „offene Kindergartenarbeit" vielleicht etwas mit veränderter Pädagogik zu tun?

Partnerarbeit

✗ Was bedeutet offene Kindergartenarbeit Ihrer Meinung nach?

✗ Sprechen Sie mit Ihrer Praxisanleiterin, was sie unter diesem Begriff versteht.

✗ Kennen Sie unter Umständen eine Einrichtung, die offen arbeitet? Berichten Sie von Ihren Erfahrungen.

5.2.1 Merkmale des offenen Kindergartens

Den offenen Kindergarten zu finden ist nicht möglich. Obwohl viele Erzieherinnen die Vorstellung haben, dass es „ein Gesicht der offenen Arbeit gibt", (Regel, Wieland 1993 S. 114) sind die konkreten Ansätze/Ideen/Umgestaltungen sehr individuell und vielfältig.
Ganz allgemein gehalten heißt „offene Kindergartenarbeit" zunächst „Öffnung von Gruppen – in welcher Form auch immer" oder „Öffnung der bisherigen Struktur" (ebd., S.115).
Laut Uta Funke und Eva Sander – Fachberaterinnen – waren 1993 die folgenden vier Tendenzen offener Arbeit erkennbar (vgl. ebd., S. 115 f.):

Geöffnete Gruppen (Offene Türen):

- An bestimmten Tagen
- Zu bestimmten Zeiten
- Besuchsmöglichkeiten in anderen Gruppen
- Stammgruppen bleiben
- Üblicher Tagesablauf
- Die Mitarbeiterinnen bleiben für ihre Gruppen zuständig
- Unveränderte Räumlichkeiten

Offene Gruppen:

- Die Kinder können (evtl. nur zu bestimmten Zeiten) im ganzen Kindergarten spielen
- Flexible Frühstückszeit
- Einnahme des Frühstücks evtl. in einem Bereich für alle Kinder
- Angebote/Projekte finden in der Stammgruppe oder gruppenübergreifend statt (evtl. nur an einem Tag der Woche)

Offene Arbeit

Offener Kindergarten – Innere Öffnung:

- Auflösung der üblichen Raumstrukturen
- Veränderung der Funktionsecken zu Spiel- oder Funktionsbereichen, wie z.B. Kreativbereich, Ruhebereich, Rollenspielbereich, Baubereich
- Veränderung der Funktionsecken zu Funktionsräumen: einzelne Spielräume, z.B. für Bewegung, Kreativität, Rollenspiel, Ruhe
- Mitarbeiterinnen sind den einzelnen Bereichen bzw. Räumen zugeordnet
- Erhaltung der Stammgruppen für bestimmte Funktionen, z.B. Morgenkreis, Stuhlkreis, Geburtstagsfeier
- Möglich ist auch eine komplette Auflösung der Stammgruppen
- Angebote, Projekte, Nutzung aller Räumlichkeiten
- Mahlzeiten in der „Cafeteria" Vollversammlung als neue Gemeinschaftsform

Offener Kindergarten – Äußere Öffnung:

- Öffnung des Kindergartens nach außen in die Stadt, in die Gemeinde
- Die Kinder nutzen Angebote der Stadt, der Gemeinde
- Das Wohnumfeld wird in die pädagogische Arbeit einbezogen
- Der Kindergarten als Aktions- und Begegnungsstätte

Plenum

X Sie haben sicherlich anhand des Schaubildes bemerkt, dass es viele Möglichkeiten gibt offen zu arbeiten. Denken Sie an Ihre Einrichtung: Gibt es dort Elemente offener Kindergartenarbeit? Wenn ja, welche sind es?

X Sprechen Sie mit Ihrem Team über den Aufbau dieser Elemente. Wie kam es zu den betreffenden Umgestaltungen bzw. Veränderungen?

X Überlegen Sie, was sich Ihrer Meinung nach hinter den Begriffen Morgenkreis und Vollversammlung verbergen könnte. Stellen Sie eine Vollversammlung im Kindergarten im Rollenspiel dar.

X Der Kindergarten als „Aktions- und Begegnungsstätte" ist ein Aspekt der äußeren Öffnung. Finden Sie konkrete Beispiele.

X Denken Sie an Ihr eigenes Wohnumfeld und das Ihrer Einrichtung. Gibt es dort Angebote, die Kinder nutzen könnten? Wenn ja, welche sind es?

X Sprechen Sie mit Ihrer Praxisanleiterin darüber.

X Tauschen Sie Ihre Ergebnisse in der Klasse aus.

Damit Sie sich die konkrete offene Arbeit besser vorstellen können, sehen Sie in der folgenden Tabelle einen exemplarischen Tagesablauf (vgl. Internet-Adressen S. 147) zweier Einrichtungen in Lünen. Das interessante an diesen Kindergärten ist die Tatsache, dass es sich eigentlich um zwei eigenständige Einrichtungen handelt, die jedoch intensiv miteinander kooperieren und übergreifende Angebote anbieten. Die Kinder können also sowohl Angebote des eigenen Kindergartens als auch die des anderen Kindergartens nutzen.

Uhrzeiten	Ablauf
07.30 - 07.45 Uhr	Frühdienst (jeweils 3 Erzieherinnen in 8-tägigem Wechsel – ab 07.15 Uhr), Betreuung der Kinder von Berufstätigen
07.45 - 08.00 Uhr	Tagesplanung mit den Teams beider Häuser (Absprache der Angebote)
08.00 - 09.00 Uhr	Eintreffen der übrigen Kinder, Begrüßung in der Gruppe, Gespräche mit den Eltern, Flur- oder Außengeländeaufsicht einer Erzieherin
08.00 - 10.15 Uhr	Freispiel nach eigener Raum- und Spielzeugwahl der Kinder, gleitendes Frühstück
10.15 - 10.30 Uhr	Gespräch mit den Kindern innerhalb der eigenen Gruppe, Bekanntgabe der Angebote und freie Wahl der Kinder bei der Beteiligung
10.30 - 11.00 Uhr	Unterschiedliche Angebote in beiden Häusern, allen Räumen, Geburtstagsfeier
11.00 - 11.30 Uhr	Freispiel mit eigener Wahl
11.30 - 12.00 Uhr	Stuhlkreis innerhalb der eigenen Gruppe
12.00 - 12.30 Uhr	Abholphase der Mehrheit der Kinder, Beschäftigung mit allen verbleibenden Kindern
12.30 - 13.00 Uhr	Mittagessen mit den Tageskindern
13.00 - 14.00 Uhr	Mittagsschlaf der jüngeren Kinder, die älteren spielen
12.30 - 13.30 Uhr	Tarifpause von 30 Minuten für das Personal, Gruppenräume in Ordnung bringen, Küchen- und Wäschedienst durchführen, Einkäufe erledigen, Vorbereitungen erledigen, Beobachtungen schriftlich festhalten usw.

Uhrzeiten	Ablauf
13.30 - 14.00 Uhr	Im Team gemeinsamer Rückblick auf den Vormittag, Austausch von Beobachtungen über das Verhalten der Kinder bei den unterschiedlichen Angeboten
14.00 - 16.00 Uhr	Individuelle Kinderbetreuung, Turnen, Elternnachmittage, Gruppenfeste
15.45 Uhr	Dienstende (Frühdienst)
16.00 - 16.15 Uhr	Gruppenraum in Ordnung bringen, Dienstende für das restliche Personal

Die Funktionsräume als wesentliche Elemente der offenen Arbeit

Gruppenarbeit

✗ Im offenen Kindergarten werden die traditionellen Funktionsecken zu Funktionsbereichen oder sogar Funktionsräumen umgestaltet. Gestalten Sie doch einmal beispielhaft einen Funktionsraum, der auch Schwerpunktraum oder Aktivitätsraum genannt wird.

✗ Diskutieren Sie mögliche Vorteile von Funktionsräumen im Vergleich zu Funktionsecken.

Laut Erika Kazemi-Veisari (Kindergartenleiterin) sprechen Räume eine deutliche Sprache, da sie uns Auskunft geben „über die Gestalter, die Benutzer, über ihre Beziehung zueinander und über das Geschehen, das ein Raum zulässt oder behindert" (Kazemi-Veisari 1996, S. 38). Sicherlich können Sie diese Gedanken nachvollziehen, allein wenn Sie an Ihr eigenes Zimmer denken, das Sie nach Ihren Vorstellungen und nach Ihrem Geschmack gestalten. Oder denken Sie an Ihren Klassenraum, der etwas über Ihre Mitschülerinnen und Sie aussagt, wenn Sie vielleicht einige Details zur Verschönerung mitgebracht oder im Unterricht Erarbeitetes an den Wänden befestigt haben.
Kindergartenräume teilen uns mit, ob sich „Kinderansprüche oder Erwachsenenerwartungen" (ebd.) in ihnen durchsetzen.

Einzelarbeit

✗ Denken Sie an Ihre Einrichtung: Genügen die Gruppenräume eher den Ansprüchen der Kinder oder den Ansprüchen der Erwachsenen?

Für Kinder sind Räume Orte der Erfahrung. Sie erleben sie direkt und mit allen Sinnen, sehr viel stärker als wir Erwachsene. Je nach Räumlichkeit hat das Kind die Möglichkeit Erfahrungen zu machen mit Behaglichkeit und Anstrengung, mit Rückzug und Dabeisein und mit Bewegung und Ruhe. Durch jedes kleine Detail entwickelt sich ein Stück Atmosphäre (vgl. ebd.). In diesem Zusammenhang wird deutlich, dass großräumiges und langwieriges Bauen, Werken, Experimentieren, Umgehen mit Werkzeug oder auch das Kuscheln auf einem „richtigen" Sofa in Funktionsecken schwieriger zu realisieren ist als in Funktionsräumen. Diese haben den eindeutigen Vorteil, dass die Kinder weitaus mehr Platz und Ruhe für ihre Wünsche und Bedürfnisse haben (vgl. ebd., S. 44 f.). Problematisch allerdings sind bei der Raumgestaltung von außen gesetzte Grenzen wie z.B. sehr kleine Gruppenräume ohne Nebenräume, so dass eine Funktionsecke möglicherweise morgens zum Frühstück und anschließend zum Malen genutzt wird bzw. werden muss.

Gruppenarbeit

✗ Finden Sie weitere Grenzen, die eine räumliche Umgestaltung erschweren.

✗ Diskutieren Sie, ob es trotzdem Änderungsmöglichkeiten geben könnte.

Das Freispiel als wesentliches Element der offenen Arbeit:

Wie der exemplarische Tagesablauf der kooperierenden Einrichtungen in Lünen deutlich macht, kommt dem Freispiel im Kindergarten eine große Bedeutung zu.

Plenum

✗ Können Sie sich vorstellen, warum das Freispiel einen so hohen Stellenwert einnimmt?

✗ Denken Sie an Ihre eigene Einrichtung: Zeigen Sie den dortigen typischen Tagesablauf auf. Wieviel Zeit lässt Ihr Team den Kindern für das freie Spiel? Erkennen Sie Unterschiede zu anderen Einrichtungen?

✗ Bevor Sie sich mit dem folgenden Absatz beschäftigen, definieren Sie einmal aus Ihrem Verständnis heraus den Begriff Freispiel.

✗ Tauschen Sie Ihre Ergebnisse in der Klasse aus. Welche Gemeinsamkeiten oder auch Unterschiede stellen Sie in Ihren Definitionen fest?

✗ Falls es Unterschiede gibt, diskutieren Sie sie.

✗ Im Folgenden lesen Sie nun eine weitere Definition vom Freispiel. Inwiefern ähnelt Sie Ihrem Freispielverständnis?

Wir reden von Freispiel, wenn Spielort, Spielzeug, Spielthema und Spielinhalt, Spielpartner und Spieldauer vom Kind frei gewählt werden können. Die Spieldauer kann von der Dauer des Aufenthaltes in der Einrichtung oder von anstehenden Feiern oder Angeboten abhängig sein und ggf. dadurch unterbrochen werden (vgl. Caiati, in: Regel 1992).

Das Freispiel kommt den Bedürfnissen des Kindes entgegen. So erhält es die Möglichkeit eigenständig zu entscheiden, wozu es gerade Lust hat – oder eben auch nicht hat. Es kann sich Spielpartner suchen, es kann alleine spielen oder eben auch „nichts" tun, zusehen oder herumstehen.

Einzelarbeit

✗ Denken Sie an Ihr eigenes Verhalten oder auch das Ihrer Kolleginnen im Freispiel. Können Sie es beschreiben?

Ein wichtiger Aspekt im Freispiel ist das Verhalten der Mitarbeiterinnen. Sie sollten sich soweit wie möglich zurückhalten und auf Einmischungen oder anregende Angebote zur selben Zeit verzichten, sondern die Kinder selbst in Aktion treten lassen. Auf diesem Wege erhält das Kind die Verantwortung für sein

Handeln und seine Zufriedenheit. Es ist selbstverantwortlich und lernt Grundlagen zur Lebensbewältigung, wie z.B. Durchhaltevermögen oder Konfliktfähigkeit (vgl. Büsing S.15).

Jetzt könnten Sie entgegnen, dass Kinder das gar nicht können, doch belegen Erfahrungen aus der Praxis, dass Kinder durchaus in der Lage dazu sind mit der für sie neuen Situation umzugehen: „Trotz der hohen Anforderungen, den Spielpartner, Spielort und die Spielart in diesem großen Bereich selbst auszuwählen, gelang es den meisten Kindern rasch mit Selbstbewusstsein und sichtlicher Freude mit dieser neuen Freiheit umzugehen (vgl. Wehinger 1999, S.28). Sie könnten unter Umständen entgegnen, dass die Kinder – vor allem die jüngeren oder die, die erst seit kurzer Zeit die Einrichtung besuchen – nicht genügend Sicherheit bekommen. Doch auch hier zeigen Praxiserfahrungen, dass gemeinsam mit Kindern erstellte Regeln zur nötigen Sicherheit beitragen (vgl. ebd.).

Plenum

✗ Überlegen Sie sich mögliche Regeln, die den Kindern die von ihnen benötigte Sicherheit geben.

✗ Falls Sie einen offenen Kindergarten kennen, erkundigen Sie sich, wie das Team mit dieser Situation umgeht.

5.2.2 Argumente für die offene Kindergartenarbeit

Im Laufe der letzten Jahre bzw. Jahrzehnte konnten wir einige Wandlungen in der pädagogischen Arbeit mit Kindern erkennen. „Wir leben in einer Zeit, in der sich Kindheit verändert hat. Kinder kommen mit ganz verschiedenen Biografien in den Kindergarten [...]. Dieses muss in der Pädagogik berücksichtigt werden" (vgl. Regel 1992).

Gruppenarbeit

✗ Denken Sie einmal an Ihre eigene Kindergartenzeit zurück und vergleichen Sie Ihren „alten" Kindergarten mit der Einrichtung, in der Sie zur Zeit arbeiten.
  – Können Sie Unterschiede, zum Beispiel in der Gestaltung der Räumlichkeiten, erkennen?
  – Durften Sie als Kind im Flurbereich spielen?
  – Oder durften Sie mit einigen anderen Kindern ohne Aufsicht das Außengelände nutzen?

✗ Denken Sie noch einmal an die eingangs skizzierte angehende Kinderpflegerin Marion zurück. Sie könnte sich auch die Frage stellen, warum das Team der „Rappelkiste" überhaupt Aspekte der offenen Arbeit realisieren möchte.
  – Haben Sie vielleicht Ideen, die die eventuelle Änderung des pädagogischen Konzepts der „Rappelkiste" begründen?
  – Diskutieren Sie mit Ihren Mitschülerinnen und Mitschülern.

1986 beschäftigte sich die EG-Kommission mit der Frage der Qualität in sozialpädagogischen Einrichtungen.

Plenum

✗ Was macht Ihrer Meinung nach einen **guten** Kindergarten aus?

✗ Sammeln Sie Aspekte in der Klasse.

Der Ausschuss der EG-Kommission bezeichnet Einrichtungen dann als qualitativ hochwertig, wenn Kinder die folgenden Erfahrungen machen können (vgl. Regel u. a. 1993, S. 54):

····▶ Gesundes Leben

····▶ Spontane Meinungsäußerungen

····▶ Respekt vor der eigenen und individuellen Persönlichkeit

····▶ Würde und Selbstständigkeit

····▶ Selbstvertrauen und Begeisterung beim Lernen

····▶ Angemessenes Lern- und Betreuungsfeld

····▶ Geselligkeit, Freundschaft und Zusammenarbeit mit anderen

····▶ Kulturelle Vielfalt

····▶ Zugehörigkeit zu einer Familie und Gemeinschaft

····▶ Glück

Wie Sie sicherlich erkennen können sind diese Forderungen sehr hoch gesteckt, denn es ist heutzutage für Kinder aufgrund veränderter Lebensbedingungen häufig schwierig **all** diese Erfahrungen machen zu können. Aus diesem Grund brauchen Kinder motivierte und engagierte Mitarbeiterinnen, die sie in ihrer Entwicklung unterstützen können und ihnen diese Erfahrungen ermöglichen. „Sind die Bedingungen in den ersten Lebensjahren günstig, werden Kinder mit einem Urvertrauen heranwachsen und ihre Entwicklung mit viel Energie selbst voranbringen. Sind die Bedingungen ungünstig, tritt an die Stelle des Vertrauens Misstrauen" (ebd., S. 57).

Gruppenarbeit

✗ Auf welche Art und Weise würden Sie mit Kindern umgehen um die oben genannten Erfahrungen zu ermöglichen? Finden Sie konkrete Beispiele und greifen Sie ggf. auf mögliche Aktivitäten Ihres Teams zurück.

Der eindeutige Vorteil der Arbeit im Kindergarten im Gegensatz zur Schule ist die Tatsache, dass es keinen Lehrplan gibt, der vorgibt, was und wie gelernt werden muss. So haben Erzieherinnen und Kinderpflegerinnen viele Freiheiten in der Gestaltung des Tagesablaufes und der Wochenpläne oder genaue

Zeitpläne, die es in einigen Einrichtungen noch gibt, können abgeschafft werden. Kinder sollen nicht nach fest strukturierten Programmen spielen und lernen, sondern haben mithilfe der offenen Planung die Möglichkeit nach ihren persönlichen Interessen und Neigungen im Kindergarten an ihrer Entwicklung beteiligt zu werden. „Eine Kleinhaltung von Kindern [...] behindert die Großartigkeit der Persönlichkeitsentwicklung von Kindern" (Kazemi-Veisari 1996, S. 63).

5.2.3 Voraussetzungen für das Gelingen der offenen Arbeit

Um in einer Einrichtung eine Umgestaltung und Umorganisation zum offenen Kindergarten vorzunehmen, benötigt man zunächst einmal viel Zeit und Geduld, denn wir wissen ja: Aller Anfang ist schwer. Hinzu kommt, dass das Konzept der offenen Arbeit einer ständigen Weiterentwicklung bedarf. Denken wir nochmals an Frau Fischer, die Leiterin der „Rappelkiste": Sie traf die richtige Entscheidung. Eine Änderung des pädagogischen Handelns zur offenen Arbeit muss von allen Teammitgliedern getragen werden. Die Erzieherinnen und Kinderpflegerinnen müssen bereit sein, diesen Weg zu gehen und ihren Umgang mit Kindern gegebenenfalls überdenken. „Der offene Kindergarten ist deshalb für viele eine große Herausforderung, manchmal eine Veränderung wie vom Mittelalter zur Neuzeit [...]" (Regel 1992, S. 57).

Das Bild vom Kind:

Weiterhin – wie eben angedeutet – ist das „Wagnis" der Umstellung auf die Öffnung des Kindergartens stark abhängig von dem Menschenbild (Grundannahmen zum Menschen bzw. Kind), das jedes Teammitglied besitzt und das unser pädagogisches Handeln bestimmt (vgl. Regel 1992). Zwar setzen die räumlichen Gegebenheiten schon Akzente, doch von größerer Bedeutung ist die Einstellung der Mitarbeiterinnen.

Einzelarbeit

✗ Überlegen Sie, welches Bild vom Kind Sie selbst besitzen?

✗ Vielleicht können Sie Ihr Menschenbild in Bezug auf Kinder einmal malen/zeichnen/gestalten.

Hinter dem Ansatz der offenen Kindergartenarbeit verbirgt sich das Bild des Kindes als Subjekt, als Akteur seiner eigenen Entwicklung. Das bedeutet, dass es den Verlauf seiner Entwicklung selbst bestimmen kann. So bezeichnete schon die italienische Ärztin und Pädagogin Maria Montessori (1870-1952) das Kind als „Baumeister des Menschen" (Kautter, in: Regel 1992, S. 57) Ihrer Meinung nach ist jedes Kind dazu in der Lage seine eigene Entwicklung durch eigene Aktivitäten zu vollziehen. Weiterhin heißt es in der Konzeption eines Kindergartens u. a.: „Das Kind [...] ist reich an Möglichkeiten und Grundlagen. Vom Tag seiner Geburt ist es ein aktiver und kreativer Gestalter seiner Entwicklungen und Beziehungen" („Pädagogische Konzeption", S. 1).

Wie Sie sicherlich durch Ihre praktische Arbeit im Kindergarten bestätigen können, sind Kinder unterschiedlich – in ihrem Charakter, in ihrem Spiel, in ihrem Umgang mit anderen Menschen usw. An dieser Stelle möchte und kann die offene Kindergartenarbeit ansetzen, indem sie Kindern eine individuelle Entwicklung ermöglicht. Wie aus dem Schaubild zur offenen Arbeit hervorgeht, spielen Aktionen und Projekte eine große Rolle. „Der differenzierte Angebotscharakter, der zu den unterschiedlichsten Spielerfahrungen führen kann, ermöglicht den Kindern ihren Bedürfnissen entsprechend tätig zu sein" (Regel 1992, S. 147).

Die innere Einstellung der Mitarbeiterinnen

Versetzen Sie sich in die Lage einer Kinderpflegerin, die schon seit 15 Jahren in derselben Einrichtung arbeitet. Sie haben schon während Ihrer Ausbildung gelernt, dass es feste Gruppen mit je 25 Kindern gibt. Für jede Gruppe sind in der Regel zwei bis drei pädagogische Kräfte zuständig und verantwortlich, die eigenständig tagtäglich überlegen, was sie nach dem gemeinsamen Frühstück mit „ihren Kindern" veranstalten könnten. Nun ist auf einmal die Rede von so genannter offener Arbeit: Die Gruppeneinteilung ändert sich – es sei denn, die Stammgruppen bleiben erstmal erhalten – jede Mitarbeiterin ist für z. B. einen Bereich – je nach Neigung – zuständig, die Planungen finden gruppenübergreifend mit anderen Teammitgliedern statt, so dass ein höheres Maß an Teamfähigkeit nötig wird als es vorher der Fall war, jeder ist auf einmal für alle Kinder und nicht mehr nur für die „eigenen" 25 zuständig.

So berichtet die Leiterin eines städtischen Kindergartens am Bodensee von den Schwierigkeiten in der Anfangszeit, „auf dem Weg zum offenen Kindergarten" (Wehinger 1999, S. 28): „Es entstanden Ängste und Unsicherheiten bei uns, das „Loslassen" musste erst geübt werden." Mancher Erzieherin fiel es schwer, von den Kindern nicht mehr so sehr gebraucht zu werden, so dass ein Gefühl von Überflüssig-Sein entstand. Das Team dieser Einrichtung war jedoch trotzdem bereit diesen Weg zu gehen, nicht zuletzt aufgrund der Frage: „Warum sollen Kinder, die schon früh am Morgen im Garten spielen wollen, dies nicht dürfen oder Kinder, die Lust auf Bewegung haben, bis zur nächsten Turnstunde warten?" (ebd., S. 27).

Vielleicht denken Sie an dieser Stelle: „Was soll ich denn noch alles leisten? Ich soll teamfähig sein, zu allen Kindern Beziehungen entwickeln, jedes Kind individuell fördern, auf alle Interessen Neigungen und Bedürfnisse eingehen, beobachten, die Räumlichkeiten in Ordnung halten, die Wäsche waschen, die Kinder motivieren und zu Aktivitäten anregen, mit ihnen werken, basteln, malen, kochen, erzählen, singen, mit den Eltern sprechen und so weiter und so fort" (Förster, in: Regel/Wieland 1993, S. 246). So ist der Begriff der **„pädagogischen Zehnkämpferin"** (ebd.) entstanden. Tatsächlich besteht die Gefahr, dass ein Teil der genannten Arbeitsbereiche nur oberflächlich wahrgenommen werden kann. Doch wenn sich diese Aufgaben bei drei Gruppen auf ein komplettes Team von ca. 9 Mitgliedern verteilen, so ist dies eine Chance qualitativ gute Arbeit zu leisten. Jede Mitarbeiterin kann je nach Interesse besondere Fähigkeiten in einem Bereich aufweisen. Die eine spielt Gitarre und singt gerne mit Kindern, die zweite hat Spaß am Werken, die dritte ist gut in der Kreation neuer Gerichte und die vierte spielt gern Theater.

Gruppenarbeit

✗ Welche weiteren Arbeitsbereiche von sozialpädagogischen Kräften fallen Ihnen spontan ein?

✗ Machen Sie sich Ihre persönlichen Fähigkeiten und Interessen bewusst.

✗ Führen Sie Ihren Mitschülerinnen und Mitschülern ganz praktisch vor, was Sie können.

Wenn wir unsere eigenen Interessen im Kindergarten nutzen, hat dies einen weiteren Vorteil, denn wir gehen mit mehr Freude an die Arbeit, was Kinder natürlich spüren. Umgekehrt verhält es sich ähnlich: Auch unsere Ängste oder Schwächen können sich auf die Kinder übertragen. Wenn eine Erzieherin oder Kinderpflegerin nur sehr ungern singt und sie schon bei dem bloßen Gedanken daran eine Gänsehaut bekommt, weil sie den Ton nicht halten kann und häufig aus dem Takt kommt, ist sie für eine musikalische Förderung der Kinder nicht besonders geeignet, hat dafür jedoch Stärken in anderen Bereichen (vgl. ebd., S. 247). Denken Sie beispielsweise an den Unterricht in Ihrer Schule. In Fächern, die Ihnen liegen und Spaß machen, werden Sie sich vermutlich stärker engagieren als in denen, mit denen Sie mehr schlecht als recht umgehen können und die Sie eher „öde" finden.

Beobachtungen als ein wichtiger Teil offener pädagogischer Arbeit

Wollen wir im offenen Kindergarten auf die Bedürfnisse von Kindern als bedeutsamen Aspekt der offenen Pädagogik eingehen, müssen wir diese Bedürfnisse erkennen und den Entwicklungsstand des jeweiligen Kindes beschreiben können. Wir müssen wissen, was jedes Kind – ganz individuell – momentan braucht.

Denken wir an den exemplarischen Tagesablauf zurück: Dort wird deutlich, dass sich die Mitarbeiterinnen jeden Tag Zeit für das schriftliche Festhalten ihrer Beobachtungen nehmen. Offensichtlich kommt der Beobachtung von Kindern ein hoher Stellenwert zu.

Plenum

✗ Finden Sie mögliche Gründe für die Bedeutung der täglichen Beobachtungen.

Wie eingangs beschrieben, handelt es sich bei der Umgestaltung zum offenen Kindergarten um einen Prozess, der nie abgeschlossen ist bzw. sein sollte. So ist es wichtig, dass das Team regelmäßig reflektiert,

····▶ inwiefern sich die räumlichen Gegebenheiten für Kinder bewähren (können sie sich im Ruheraum entspannen?),

····▶ inwiefern neue Anreize für Kinder geschaffen werden können,

····▶ inwiefern die Angebote oder Projekte die Kinder begeistern und diese aktiv werden können,

····▶ inwiefern gruppenübergreifende Projekte an einem ausgewählten Tag auf mehrere Tage ausgedehnt werden können,

····▶ inwiefern Probleme, bedingt durch aktuelle Veränderungen, gelöst werden können usw.

Um Antworten auf diese und weitere Fragen finden zu können, sollten die Mitarbeiterinnen nicht nur auf ihre subjektive Wahrnehmung zurückgreifen und sich auf diese verlassen, sondern gezielt und regelmäßig beobachten. Die Beobachtung stellt einen wichtigen Bestandteil der pädagogischen Arbeit dar.

Die Planung im offenen Kindergarten

Manche pädagogische Kraft ist vielleicht der Meinung, dass Planungen in der offenen Arbeit nicht mehr vonnöten sind, denn „alles ist offen, alles ist möglich." Doch im Gegensatz dazu kann die offene Planung als sehr anspruchsvoll bezeichnet werden. Denn ist es nicht einfacher stets auf die gewohnten Dinge zurückzugreifen und z.B. in jedem Jahr zur Osterzeit mit Osterhasen und Osterkörbchen „in Produktion zu gehen" als sich auf die Interessen der Kinder einzulassen und mit ihnen auf Entdeckungsreise zu gehen, sodass jeder Tag etwas Neues bringt und man häufig überrascht werden kann?

Zur Verdeutlichung ein **Beispiel aus dem offenen „Kindergartenalltag"** einer Leiterin:
Bauarbeiter befanden sich auf dem Außengelände des Kindergartens – im Auftrag der anliegenden Schule sollten Kanalisationsarbeiten durchgeführt werden. Die Kinder wurden neugierig und wollten wissen, was die Männer dort machen. Daraufhin ging die Leiterin mit den Kindern zu den Bauarbeitern und diese mussten auf Fragen der Kinder antworten, was gar nicht so einfach war. Im weiteren Verlauf kamen „beide Gruppen" miteinander ins Gespräch und diskutierten. Da die Kinder großes Interesse an den Bauarbeitern signalisierten, gingen sie am nächsten Tag wieder zur Baustelle, sahen zu, stellten weitere Fragen und suchten das Gespräch. Deutlich wird an dieser Stelle, dass dies eindeutig eine Situation der Kinder war, die auch vom Team des Kindergartens aufgegriffen wurde: Die Bauarbeiter wurden zum Frühstück eingeladen und nach einigen Absprachen konnte dieses stattfinden. Am Ende des gemeinsamen Vormittags schenkte ein Bauarbeiter der Gruppe ein Paar Arbeitshandschuhe. Die Kinder benutzten diese nur noch, obwohl es ihnen so schwerer fiel nach kleinen Bausteinen zu greifen. Das Team entschloss sich aufgrund von Streitereien um das eine Paar mehrere Paare zu kaufen. Als die Gruppe bemerkte, dass die Plastikbausteine, das ihr zur Verfügung stehende Baumaterial, im Gegensatz zu den echten Arbeitshandschuhen gar nicht echt war, entschlossen sich die Mitarbeiterinnen eine Ladung Ziegelsteine zu ordern. Schon beim Transport der Steine von der Straße auf das Außengelände des Kindergartens konnten die Kinder viele Erfahrungen machen: Sie mussten gemeinsam überlegen, wie der große Ziegelsteinberg am besten und am einfachsten transportiert werden könnte. Es wurden Ketten gebildet und jedes Kind gab die Steine zum Nebenmann weiter. Dabei musste auf die Sicherheit geachtet werden, sodass die Gruppe den Sinn der Arbeitshandschuhe erleben konn-

ten. *Durch die praktische Arbeit mit den Ziegelsteinen erfuhren die Kinder die Brüchigkeit des Materials und sie konnten ausprobieren, wie eine Mauer entsteht. Zu diesem Zweck lernten sie – und die Mitarbeiterinnen – Mörtel anzumischen. Anschließend wurde eine große Kiste gebaut, die zur Materialaufbewahrung dient. Weitere Kinder machten zu dieser Zeit viele Fotos, sie knipsten die arbeitenden Kinder, die Bauarbeiter usw. „Wir staunen über die Motive, die sie wählen und die ahnen lassen, was die Kinder beeindruckt" (Kazemi-Veisari 1996, S. 15). Ein weiterer Teil der Gruppe kam über diese Aktivitäten ins Gespräch über die Berufe der Eltern. So entwickelten sich weitere Aktionen: Eine Mutter – gelernte Friseurin – kam in die Gruppe und frisierte einer Erzieherin die Haare, ein Vater – Elektriker – entwickelte mit den Kindern kleine Schaltwerke, ein weiterer Vater – Busfahrer – nahm die Kinder auf einer Fahrt mit (vgl. ebd., S. 11 ff.).*

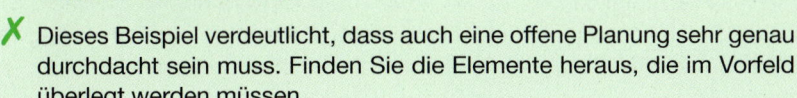

Plenum

✗ In diesem Beispiel konnten die Kinder eine Unmenge an Erfahrungen machen. Welche sind es?

✗ Dieses Beispiel verdeutlicht, dass auch eine offene Planung sehr genau durchdacht sein muss. Finden Sie die Elemente heraus, die im Vorfeld überlegt werden müssen.

Planung in der offenen Arbeit bedeutet die Vielfalt eines Themas zu erschließen. Hier muss die Frage gestellt werden, welche Möglichkeiten ein Thema enthält, das heißt welche Gestaltungsmöglichkeiten denkbar sind. Das heißt jedoch nicht, dass Kinder denselben Weg gehen werden. Wichtig ist es die Kinder soweit wie möglich schon im Vorfeld einzubeziehen – sie zu beteiligen, indem ihnen die Chance gegeben wird sich zu äußern. Das Team sollte sich informieren, inwieweit die Kinder über ein bestimmtes Thema informiert sind, welche Vorerfahrungen sie mitbringen, welche Aspekte sie evtl. herausfinden möchten.

„Offene Planung ermöglicht – und schreibt nicht fest. Sie ist Ausdruck eines intensiven Dialoges und gemeinsamen Lernens zwischen Kindern und Erwachsenen. Offene Planung teilt Zeit nicht zu, sondern nutzt sie als „Schatz", nämlich Erlebniszeit zu werden" (ebd., S. 19).

„Offene Planung ist ein Abenteuer, nie fertig, voller Überraschungen, mit geordneten Abschnitten und abenteuerlichen Umwegen. Aber sie ist nicht das Zentrum, sondern das sind Kinder und Erwachsene im Kindergarten, die sich der Planung als Hilfsmittel bedienen, um Türen zu öffnen und Wege begehbar zu machen" (ebd., S. 92).

Einzelarbeit

✗ Lassen Sie diese Zitate einmal in Ruhe auf Sie wirken. Stellen Sie Ihre dabei entstehenden Gefühle kreativ dar, indem Sie z. B. etwas malen/zeichnen, eine Collage erstellen, ein Gedicht schreiben, fotografieren, eine Dia-Serie auf Folie (vgl. hierzu Rabenstein 1994, S. 102 f.) erstellen. Haben Sie eine weitere Idee? Greifen Sie diese auf.

6   Literatur

Abendgebet eines Kindes. In: TPS 6/80, Luther-Verlag Bielefeld.

Aktion Jugendschutz der Landesarbeitsstelle Bayern: Alle auf Empfang (Fasanenstr. 17, 80636 München).

Alt, R.: Cartoon, Lappan-Verlag, Oldenburg.

Büsing, Anita: Der offene Kindergarten als Lebensraum für behinderte und nichtbehinderte Kinder (Kreis-VHS Friesland, Schortens, Hausarbeit im Lehrgang integrative Erziehung und Bildung im Kindergarten; Am Kamp 5, 26340 Zetel; über Internet).

Caiati, M. u.a.: Freispiel – freies Spiel, München 1984.

Datta, Asit, Hannover: Interkulturelle Bildung, Pädagogik und Schulalltag 50 (1995) 4. S. 464.

Dollard u.a.: Frustration und Agression, Weinheim 1939/1973.

Franger, Gaby / Kneipp, Hubert (Hrsg.): Miteinander Leben und feiern, Ausländische und deutsche Kinder feiern Feste, Frankfurt 1987.

Geißler, E. E.: Analyse des Unterrichts, Bochum 1973.

Götte, R.: Sprache und Spiel im Kindergarten, Beltz-Verlag, Beltz-Praxis, Weinheim 1994.

Götz, I. Alexandra: „Willst du wissen, wie das auf türkisch heißt?" – Zum Umgang mit Zweisprachigkeit in Kindertageseinrichtungen. In: Kindergarten heute 4/1996.

Gugel, Günther: Ausländer, Aussiedler, Übersiedler, Tübingen 1991.

Jean Itard: Gutachten und Bericht über Victor von Aveyron. In: Malso/Itard/Mannoni: Die wilden Kinder, Frankfurt 1976, 3. Auflage.

Harms/Preissing/Richtermeier: Kinder und Jugendliche in der Großstadt, FPP-Verlag, Berlin 1985.

Jacobeit, S. und W.: Illustrierte Alltagsgeschichte des deutschen Volkes, Köln 1987.

Johann,E./.Michely, H./Springer, M:, Interkulturelle Pädagogik, Berlin 1998.

Karsten, D.: Karikatur, SPIELEN UND LERNEN, 9/1993.

Kautter, H. u.a.: Das Kind als Akteur seiner Entwicklung, Heidelberg 1988.

Kazemi-Veisari, Erika: Offene Planung im Kindergarten, Freiburg ²1996.

Kersten, Joachim: Mord und Totschlag – reine Männersache?, PSYCHOLOGIE HEUTE, Januar 1996.

von Keyserlingk, L.: Wieviel Familie braucht ein Kind? In: KINDERGARTEN HEUTE 4/95, Herder-Verlag, Freiburg.

Kiphardt, E. J.: Wie weit ist ein Kind entwickelt, Dortmund 1975/76.

Koch, R.: In: DIE ZEIT 52/1994, 23.12.94.

Köck, P./Ott, H.: Wörterbuch für Erziehung und Unterricht, Auer-Verlag, Donauwörth 1997.

J. Kuczynski: Geschichte des Alltags des deutschen Volkes, Bd. 4, Köln 1981.

Kühne, N.: Neue Psychologie, Gießen 1974.

Kühne, N.; G. Puzberg: Rollenspiele, Usingen 1979.

Kühne, N.: Rollenspiele für das Schulalter, Usingen 1982.

Kühne, N., u.a.: Pädagogik für Fachschulen, Stam-Verlag, Köln 1997.

Kühne, N.: 30 Kilo Fieber – Die Poesie der Kinder, Ammann-Verlag, Zürich 1997.

Kühne, N., u.a.: Psychologie für Fachschulen und Fachoberschulen, Stam-Verlag, 5. Auflage 1993; 6. Auflage, Köln 1998.

Kühne, N.: Die Systematisierung pädagogischer Auffassungen in Unterricht und Praktikum. In: Knöpfel, Langefeld, Rauch: Schulentwicklung durch Pädagogikunterricht, Schneider-Verlag Hohengehren, Baltmannsweiler 1999.

Lampmann, Ingeborg: Egal, woher wir kommen, hier leben wir zusammen! Kindergarten heute 7 – 8 / 95.

Lindgren, A.: Lotta kann fast alles, Oetinger-Verlag, Hamburg 1977.

Lumpp, Gesine: Was tun Ayshe und Kemal an Ostern? In: Kindergarten heute 4/1996.

Marcks, M.: Ich will nicht, b:e 7/75.

Marcks, M.: Schöne Aussichten, Berlin 1980.

Militzer / Bourgeois: Aussiedlerkinder im Kindergarten, Hrsg. Sozialpädagogisches Institut NRW. Köln 1994.

Militzer / Solbach: Kinder aus europäischen Ländern, Hrsg. Sozialpädagogisches Institut NRW. Köln 1992.

Novak, F.: Psychologie 2, Hueber-Holzmann-Verlag, München 1977.

Nuber, Ursula: Wer singt, prügelt sich nicht. In: PSYCHOLOGIE HEUTE, 7/1999.

Pausewang, Freya : Ziele suchen – Wege finden, Berlin 1994.

Pitter K.: Tele-Visionen (Grimme-Institut, E.-Weitsch-Weg 25,45768 Marl) Marl 1983.

Rabenstein, Reinhold; Reichel, René; Thanhoffer, Michael: Kreativ unterrichten, Münster, ²1994.

Puth, K., Cartoon, ötv-Magazin, Jan. 1984.

Regel, Gerhard; Wieland, Axel Jan (Hg.): Offener Kindergarten konkret. Veränderte Pädagogik in Kindergarten und Hort, Hamburg 1993.

Regel, Gerhard: „Zusammenwirkende Strukturelemente offener Kindergartenarbeit". In: Kindergarten heute 3/1992.

Richter, Ludwig, in: Hansen, W.: Das große Hausbuch der Volkslieder, Mosaik Verlag GmbH, München 1991.

Rogge, Jan-Uwe: Fernsehen in der Elternarbeit, Reihe: Baustein zur Medienerziehung jüngerer Kinder; Hg.: Kultusministerium Niedersachsen (Hannover) 1990.

Schied, H.W.: Wege in die Sucht. In: Kindergarten heute 1/1992.

Schraml, W.J.: Einführung in die moderne Entwicklungspsychologie für Pädagogen und Sozialpädagogen, Stuttgart 1972.

Smith, M.E.: An Investigation of the Development of the Sentence and the Extent of Vocabulary in Young Children, Iowa Study Child Welfare, 3/1926.

SPIELEN UND LERNEN 9/95.

Spiel gut Arbeitsausschuss: Kinderspiel und Spielzeug e.V.: Gutes Spielzeug von A-Z, Ratgeber für Spiel und Spielzeug; Ulm 1992. 22. Auflage.

Spitz, Rene, In: G. Bittner / E. Hrms: Erziehung in früher Kindheit, München 1985.

Stürmer G./Schmidt, H.: Spielstraßen – Straßenspiele. In: Kindergarten heute 4/1992.

Tausch, A. und R., Erziehungspsychologie, Göttingen 1971.

Theunert, Helga: Zwischen Vergnügen und Angst – Fernsehen im Alltag von Kindern, Berlin 1992.

H. Trapmann; G. Liebetrau, G. Rotthaus: Auffälliges Verhalten im Kindesalter, Dortmund 1971.

Utz, Klaus/Domonell, Michael „Kinder sind Bürger einer Welt – Zum Verständnis interkultureller Arbeit". In: Kindergarten heute 11/12/1997.

Weber-Kellermann: Die Kindheit – eine Kulturgeschichte, Insel-Verlag, Frankfurt 1989.

Wehinger, Dorothea: „Jeder Tag ein Abenteuer". In: Kindergarten heute 2/1999.

Zadow, Andreas von: Im Block 128 wird gespielt. In: TPS 4/88.

Internet-Adressen:
- „Offener Kindergarten, diese Pädagogik in stark vereinfachter Form": http://www.luenen.de/kiga/virchow/offene.htm
- „Konzeption des Kindergartenverein Virchowstraße 20/22": http://www.luenen.de/luenen/kiga/virchow/konzept.htm

- „Pädagogische Konzeption": http://www.mini-mix.com/konzept.htm

7 Stichwortverzeichnis

(Zeichenerklärung: Die Zahlen sind Seitenzahlen,
f = und folgende Seite; ff = und folgende Seiten)

8   Bildquellenverzeichnis

Zeichnungen

Renate Alf, Lappan-Verlag, Oldenburg: S. 7
Elisabeth Galas, Köln: S. 50
Globus Grafik, Hamburg: S. 121
Rudolf Koch, Süddeutscher Verlag: S. 8
Reinhold Löffler, Dinkelsbühl: S. 101
K. Pitter, Marl: S. 113
K. Puth, ötv-Magazin 1/1984: S. 111
Stadtmuseum Trier: S. 27
Hausbuch der Volkslieder: S. 24, S. 25

Fotos

Bildarchiv Wolfgang Kasuuba, Tübingen: S. 26

Leider konnten wir nicht zu allen Abbildungen die Inhaber der Rechte ermitteln. Sollte jemand davon betroffen sein, bitten wir ihn, sich beim Verlag zu melden.